JN071270

高等学校
所見文例集

これ一冊であらゆる書類の所見欄に対応

担任学研究会＝編

はじめに

　ホームルーム担任（以下、本書では「担任」と表記）には、教科指導に加え、ホームルーム活動の指導や進路指導、個人面談など、多くの仕事があります。他にも生徒指導要録（以下、本書では「指導要録」と表記）の記入、３年生（定時制では４年生）の担任になれば、進路関係書類の作成などの仕事も加わります。

　生徒は誰もが長所短所を有し、得意不得意があります。それぞれに興味関心も異なり、これまでの経験も様々です。所属する委員会や部活動も違うので、活躍する場面も一人ひとり違います。従って、担任が全てを把握することは困難で、関わる多くの先生方から情報収集することも必要になります。一方で、担任が作成する指導要録をはじめとする書類の紙面は限られており、伝えたいことを適切な言葉でいかに簡潔にまとめるかということも重要なポイントになっています。

　本書は、担任が記載する指導要録や調査書・推薦書等の所見に関して、辞書を引くのと同じようにキーワードを手掛かりに文例を見つけ、記入の参考にしてもらうことを目的に作成しました。また、それぞれの生徒に合わせてアレンジして使用できるよう、生徒の個性や活躍場面を踏まえつつ、汎用性のある文例を示しました。

　１章から12章まで、生徒の性格や得意科目、経験、適性、進路などの内容を分類し、更に項目分けをして、多様な文例を掲載しました。この文例集は、現場で日々生徒と向き合い、実際に指導要録や調査書、推薦書等を作成してきた執筆者の豊かな経験を活かして出来上がったものです。

　本書作成の目的に鑑み、法令を含む解説や記入上の細かい留意事項等は省略しています。それらに関しては、『高等学校生徒指導要録記入文例』や『高等学校調査書・推薦書記入文例＆指導例』にまとめていますので、必要に応じて活用してください。

＜本書編集上の確認事項＞

　本書の編集にあたっては、各章とも次の①から④を共通ルールとして作成しました。確認の上、活用してください。

① 令和 4 年度入学生から導入されている「高等学校学習指導要領」をベースに作成しました。
② キーワードをヒントに文例を検索できるよう、章ごとに項目立てをしました。全 12 章 49 項目で構成しています。
③ 文例集ですので、説明は極力省略しています。解説等については『高等学校生徒指導要録記入文例』『高等学校調査書・推薦書記入文例＆指導例』（いずれも学事出版刊）を参照してください。
④ 文例は 60 文字程度を基本に作成しました。簡潔にまとめていますので、所見を作成される際には、各学校、各生徒の実態に合わせて個別の内容を加えて活用してください。

（1）所見とは

　担任には、書類作成の仕事があり、指導要録や調査書、推薦書等、生徒に関する所見を書く機会も多くあります。一人ひとりを思い浮かべながら情報を整理し、生徒の姿が伝わるように記述します。特に調査書や推薦書は、生徒の進路や将来に関わるものですので、卒業後を見据えて熟考し、心を込めて記入します。

　所見は、基本的には、**生徒の様子を観察し、または面談や指導等で直接聞き取った情報や、時には生徒に関係する教職員から収集した情報を整理し、その生徒の姿や活動の結果、学びの成果、経験を通しての変容などをまとめて文章化するものです。**

　所見記入の目的は、書類によって異なります。指導要録は、生徒の学籍や指導の経過及び結果を記録するもので、学校が保存すべき公文書です。また調査書や推薦書のもとになる資料ですので、客観的な資料に基づき、正確に記入する必要があります。

　一方、調査書や推薦書は生徒の進路実現のために作成するもので、指導要録をもとに正確に記入するのはもちろん、例えば得意分野や学習成果など、進学先や就職先に関係する諸事項に力点を置き、生徒の特長をアピールできるように工夫して記述します。

　記載する項目や内容は、作成する資料によって異なり多岐にわたります。どの書類の、どの項目に、どのような内容を記載するのか、その概要を確認しておきましょう。

（2）所見を記入する書類と項目等

①指導要録（令和4年度入学生以降）

　指導要録では、「指導に関する記録（様式2）」に所見等を記入する欄があります。具体的には、下記の3か所です。

＜総合的な探究の時間の記録：「学習活動」「観点」「評価」＞

　学校が定める目標に対し、ふさわしい課題を設定し探究する「学習活動」、評価の「観点」、観点に対応した「評価」を具体的に記入します。

　☞ p.68「探究」の所見記入について 参照

＜特別活動の記録：「観点」＞

　学校が設定した評価の「観点」を記入し、ホームルーム活動、生徒会活動、学校行事についての評価は○印で記入します。

＜総合所見及び指導上参考となる諸事項：「第1学年」～「第4学年」＞

　学年ごとに、当該生徒の学習の成果、特別活動や部活動等での特筆すべき事柄、進路希望などを記入します。

　☞ p.194「進路」の所見記入について 参照

②上級学校進学のための調査書（令和7年度入試以降）

　進学用の調査書は、指導要録の改訂に合わせて見直され、所見等を記入する欄は指導要録と同じ項目になります。従って、それぞれの欄は、指導要録に基づいて記入します（①参照）。

③就職のための調査書

　就職者用の調査書には、次の箇所に所見等を記入する欄があります。

＜特別活動の記録＞

　指導要録に記載された内容を尊重しながら、直近の活動や希望職種に直接関わる内容がある場合は、その内容を具体的に記入します。

＜本人の長所・推薦事由等＞

　長所については、指導要録の「総合的な探究の時間の記録」や「総合所見及び指導上参考となる諸事項」に記載された内容を尊重しながら、生徒の長所を多面的にとらえて記入します。推薦事由については、志向、意欲、適性、学習成績、健康等、様々な観点から希望職種に関連する内容を記入します。

④上級学校進学のための推薦書

　推薦書は、各大学や学部で様式が定められています。しかし、記載する内容としては共通するものも多く、「人物について」「高校での成果」「興味関

心・志望動機」「将来の希望」などが挙げられます。指導要録の「総合的な探究の時間の記録」や「総合所見及び指導上参考となる諸事項」に記載された内容を尊重しながら、当該生徒の希望進路に合わせ、生徒の特長を多面的・総合的にとらえ、アピールできるように工夫して記述します。

（3）所見記入の際のポイント、留意点

①求められる内容に正対して記入する

　その項目が求める内容に正対し、必要な内容を簡潔にまとめる。必ず読み直し、長文は2文に分け、主語と述語のねじれがないよう確認する。

②長所や成長した点に着目する

　生徒は日々成長している。長所にスポットを当てるとともに、年度初めや活動前と比較し、その変化や成長がわかるように記述する。

③具体的なエピソードを加味する

　抽象的な文章のみでは生徒の姿が伝わりにくい。日頃の観察を大事にし、個別のエピソードを加え、その生徒らしさを表現する。

④生徒の進路希望調査や自己評価資料を参考にする

　活動の成果を積み上げたポートフォリオは生徒の成長を読み取る絶好の資料である。進路希望調査や自己評価資料等も含め、大いに活用する。

⑤生徒を多面的にとらえる

　「総合所見及び指導上参考となる諸事項」では、性格や学習面のみならず、ホームルーム活動、生徒会活動、学校行事への貢献や、部活動での活躍、進路希望など、多方面から生徒をとらえ、特筆すべきことを記入する。その際、関係教職員からの情報も積極的に参考にする。

⑥「学力の3要素」の観点をふまえる

　　＊「学力の3要素」…「知識・技能」「思考力・判断力・表現力」「主体性
　　　を持って多様な人々と協働して学ぶ態度」

　推薦書では「学力の3要素」に関する記載は必須である。その状況が具体的にわかるように、「○○力を発揮した」「○○では主体的に〜した」「○○

と協働して〜を行った」など、状況がわかるような書き方を工夫する。

⑦その生徒ならではの特長・セールスポイントをアピールする

　調査書や推薦書は、生徒の進路実現を目的として提出される書類である。希望進路に関連して特長や強みがアピールできるように記述する。

<補足>

令和6年度入試（一般的には令和3年度に高校に入学した生徒が受験）までは、旧指導要録と旧調査書を使用します。所見等の欄は下記の通り。

<総合的な学習の時間の内容・評価：「活動内容」「評価」>

　総合の時間に行った国際理解や環境、情報、福祉・健康、進路・キャリアなどの「活動内容」及び「評価」を学年ごとに具体的に記入します。

<特別活動の記録：「第1学年」〜「第4学年」>

　ホームルーム活動、生徒会活動、学校行事での活動状況や役割、成果について、学年ごとに記入します。

<指導上参考となる諸事項：「第1学年」〜「第4学年」>

　次の6項目の内容について、学年ごとに具体的に記入します。(1)学習における特徴等 (2)行動の特徴、特技等 (3)部活動、ボランティア活動、留学・海外経験等 (4)資格取得、検定等 (5)表彰・顕彰等の記録 (6)その他

人物・性格

明朗・活発

記入のポイント

性格が明るい、活発で元気であることは長所であると言えますが、**そのことが学校生活にどう活かされているか**、あるいは**本人の成長にどのように関わっているか**等にも触れます。積極性、前向き等の用語や、他者への盛んな働き掛けが伝わる表現を交えて記述するとよいでしょう。

性格的には明るく、活発である。リーダーシップにも優れ、場の雰囲気を盛り上げるのがうまく、性別にかかわらず信望も厚い。

常に前向きな発言をすることで、クラスの誰もが協働していくことの楽しさを知る契機を作ってくれた。

明るい性格から、クラスのムードメーカー的存在である。LHRの時間での積極的発言が全体の発言しやすい雰囲気を作った。

明るく、親しみやすい性格からクラスの内外に友人が多く、クラスの中でも分け隔てなくコミュニケーションを取ることができた。

明るく、朗らかな性格で、クラスのどの生徒とも笑顔で接することができ、友人からの人望も厚い。

明るく活発な性格で、ホームルームのみならず授業でも積極的かつ前向きな発言が見られた。

明るい性格であり、授業のグループワークで普段あまり接していない生徒とも積極的に関わることができた。

明朗快活であり、その陽気な姿によって、周囲を巻き込む活動ができる。

活発な性格で誰にでも気やすく声かけをしてくれるので、多様な生徒たちの関係を繋ぐことができる。

明るく話上手で、クラスの雰囲気を盛り上げた。人間関係がぎくしゃくしたときにもクラスの気持ちをほぐす力を発揮した。

話し合いで困難な状況に陥ったときも、気の利いた発言でその場の緊張を緩め、和ませることができる。

クラスメイトとの話し合いに積極的に参加した。建設的な雰囲気作りを牽引することで、行事を成功に導いた。

前向きな発言や言動で、クラス全体を鼓舞し、学校行事を実りあるものにしてくれた。

どんなときでも、友人に対して、常に笑顔で接している。友好的な雰囲気なので、周囲からの信頼も厚い。

常に周囲に気を配り、仲間が求めている方向性を考えて積極的に発言してきた。縁の下を支える存在として一目置かれている。

自分から積極的に動いて仲間や友人の個性を引き出していくことができ、目標達成に繋がった。

英会話力の向上に本気で取り組み、毎日必ず職員室を訪れてALTと活発に会話練習を行っている。

移動教室の飯盒炊さんにおいては、自ら進んで作業を行い、班全体を明るい雰囲気にし、参加者の大きな歓びとすることができた。

生徒会長として、常に笑顔で仕事に向き合っている。生徒会としての意見も積極的かつ建設的に発信して活動を活発化させた。

部活動に向き合う姿勢が非常に前向きで、所属する部員全員に刺激を与えるような活躍をした。

昼の校内放送を担当し、学校中の生徒に元気を広めるような情報発信を行った。誰もが昼休みを楽しみにするようになった。

野球部のエースで４番。明朗で、全ての部員に声をかけていく活動的なキャプテンとしての姿が地元新聞にも取り上げられた。

明朗快活、リーダーシップがあり、そのコミュニケーション能力で周囲を笑顔にすることができる。

誰とでも公平・平等に接することができ、爽やかな笑顔で挨拶する姿が好印象を与えている。

明朗活発な人物であり、クラスの雰囲気を賑やかにしてくれた。友人思いで、悩んでいる人には優しく寄り添って励ましていた。

明るく、リーダーシップがあり、最後までやり遂げる粘り強さが備わっている。仲間と助け合い、笑顔溢れる生活を心掛けた。

明るく活発でありながら多方面に配慮した行動ができ、情緒も安定していて感情の起伏がなだらかである。

朝早く登校し、教室に後から入ってくる級友に気持ちの良い挨拶を送ることでクラスの雰囲気を明るくしている。

天真爛漫であり、興味関心をもったことに積極的に取り組むことができ、傾聴力も高く、相手の気持ちを癒すことができる。

大らかで明るい性格である。型にはまらぬ伸び伸びとした性格で、友人の輪の中心にいる人物である。

明るく朗らかで、誰とでも仲良くなれる性格で、級友や部活動の後輩とのコミュニケーションを大切にしている。

明るく元気な性格であり、円滑なコミュニケーションをとることができるので、クラスのムードメーカーになっている。

明るく朗らかな人柄で、常に前向きに物事に取り組むことができる。

明るく元気で親しみがある。授業やホームルームでは元気よく挨拶や返事をしてクラスの雰囲気をよくしていた。

明るい性格を活かして、グループワークではみなの意見をまとめることができた。

明るい性格でミスをしてもクヨクヨしない。また、友人が落ち込んでいても持ち前の明るさで元気づけることができる。

転校生であるが、明朗で闊達な性格から、すぐにクラス内での友人関係を築くことができた。

探究活動での発表は、内容の充実さとともに、その明朗快活な人柄が滲むスピーチだった。

落ち着き・冷静

記入のポイント

落ち着いた態度や冷静な姿勢が周囲に与える影響とは何かを考えながら記述すると、当該生徒の良さが浮かび上がってきます。**思慮深さ、客観性、熟考、感情に左右されない等の視点**からもとらえてみると、記述内容を深めることができます。

難題やトラブルに遭遇しても、その冷静な判断力で乗り越えていくことができる。

自分の考えをもち、周りを冷静に見て行動することができる。

落ち着いた性格で、発言はあまり多くないが、自らの考えをじっくりと考えて発言することができる。

落ち着いた性格で、控えめな印象があるが、周りに流されることなく行動することができ、信念の強さがある。

解決の困難なクラス内の問題に直面した際には、ホームルーム委員として沈着冷静な議論をリードした。

誰に対しても落ち着いた態度で接するので、多くの仲間に安心感を与えている。

クラス内のもめ事や人間関係についても、第三者的な冷静な目をもって判断できるので信頼されている。

常に心にゆとりをもつように心がけており、綿密に計画を立てて過ごした。そのため突発的な事にも落ち着いて適切に対応できた。

感情に左右されず合理的な判断ができるため、相談を受けた際も忖度のない意見を伝えることができる。

周囲の意見に冷静に耳を傾けることができるうえ、話し合いの要点を端的にまとめることができるので、周囲からの信頼も厚い。

全体の雰囲気に流されることなく、落ち着いて周囲に意見を伝えることができる。

自分なりの生活習慣を大切にし、落ち着いた学校生活を送ることができている。日々の学習にもしっかり取り組めている。

議論が行き詰まり、クラス全体が悶々としている中にあっても、話のポイントを見定め、落ち着いて提案することができた。

クラス内に険悪な雰囲気が流れた際にも、話の共通点を見つけ、穏やかに全体をまとめていく冷静さが見られた。

今の状況を踏まえて、これからどのような方向に進むべきかを考えられる人物である。

状況に応じた発言や行動を心がけ、チームが目指すべき理想の姿に向けて取り組んでいける人物である。

日頃から他人の話をよく聞いており、客観的に物事をとらえる冷静さがあることから、友人からの信頼も厚い。

メリハリのある言動や物事を適切に判断する姿勢は、クラス内に適度な緊張感をもたらし、よい雰囲気を作った。

物静かだが、周囲の状況をよく観察し、必要に応じて発言したり、落ち着いて行動したりすることができる。

クラスの中で起こった友人同士のトラブルに、仲介役として介入し、冷静にトラブル解決に導いた。

自分自身の行動や発言を俯瞰的に見ることができる生徒で、どんな場面でも冷静に対処することができる。

部活動の場面では、接戦の状況の中でも感情を表に出さず、自己分析を重ねられる沈着冷静な姿が見られた。

常に安定しており、誠実である。何事にも落ち着いて対応することができ、余裕をもって他者と接することができる。

芯が強く、思慮深く、誰とも分け隔てなく接することができる。突発的な事態にも落ち着いてリーダーシップを発揮した。

物事を冷静に判断し、目標に向けて努力を継続できる粘り強さをもっている。秘められた闘志と芯の強さがうかがえる。

人の意見には静かに耳を傾け、それを受け入れながら計画的にゆとりをもって取り組むことができる。

素直な性格で、誰とでも裏表なく接することができる。落ち着きのある行動が周囲に安心感を与えている。

物静かで目立たないが、周囲に流されずに、係活動や与えられた仕事は責任をもって取り組むことができた。

物事を冷静に考えることができ、落ち着いた行動をとることができるため、友人からの信頼も厚い。

いつも冷静で、喜怒哀楽を表に出さずに決められたことに対して真面目に取り組むことができる。

感情を表に出さずに冷静に物事を判断することができる。その人柄により周囲からの信頼も厚い。

控えめであるが強い信念をもち、冷静沈着で情緒が安定している。

冷静で落ち着いた判断ができ、常に周囲に気を配り行動し、何事も最後まで責任をもってやり遂げる。

常に落ち着いた態度で安定した学校生活を過ごした。何事にも余裕をもって行動できた。

冷静沈着な判断に基づいて行動するため、与えられた仕事は確実にやり遂げることができた。

予期せぬ出来事も冷静に受けとめ、人に対しても寛容な態度がとれる人物であるため、人気者である。

自分自身のことを客観的に見られる冷静さがあるため、相手の良さや優れた点を認めることができる。

ものに動じない、感情に左右されないその落ち着いた態度が本人の心の余裕を生んでいる。

温厚・思いやり・誠実

記入のポイント

穏やか、優しさ、私利私欲のなさ等が類義語だと言えますが、どのような表現を使ってみても曖昧な印象です。**生徒の日常の言動をよく観察して、どのようなシーンでこれらの長所が発揮されていたかを具体的に記述**していくことで、その生徒のリアルな姿を伝えることができます。

自らの失敗をしっかりと認め、それを仲間の前でも開示できるため、チャレンジしていくことを恐れない雰囲気を作っていた。

テスト前に友人に勉強を教えてあげるなど、思いやりをもって友人に接することができた。

他者に対して思いやりをもって接することができる性格で、部活動の新入部員にも親切に接してきたことから、後輩からの人望も厚い。

誠実な性格で、自らの失敗や誤りも素直に認め、それを改めていくための行動ができる。

発言も行動も穏やかなので、他の人を傷つけるようなことがない。

同級生に対しても敬意をもって接し、配慮もできる人柄は、周囲の人に良い影響を与えている。

悩みを抱えて欠席がちな生徒にさりげなく声をかけたり、授業時には学習補助を行ったりして援助していた。

編入した留学生の施設案内や困りごとの相談に乗ることで、その生活の適応や日本語能力の向上に寄与した。

縁の下の力持ち的な存在の生徒である。積極的に発言するタイプではないが、後片付けや掃除などを丁寧に行い信頼を得ている。

気配りのできる生徒で、プリントの配付や回収に常にもれのないように注意を払うので、周囲の信頼を得ている。

欠席している生徒への配付物を整理して机の中に入れるなどの気配りができ、誰に対しても親切である。

日直や清掃など日常の仕事を誠実に果たした。周囲に呼びかけながら行動するので、他の生徒にも影響を与えた。

他の人のことを我がことのように考えることができる。

穏やかな人柄がクラス全体に居心地の良さや安心感を与えている。

仲間の個性を大切に考えており、その人に適した言葉がけを行える人物である。

困っている仲間に対して、何が問題であるかを共に考えていくことで、その解決に向けた取り組みができる人物である。

やるべきことを理解し、忍耐強く誠実に取り組もうとする姿勢が見られる。

おっとりした性格で、常に笑顔で過ごしている。誰とでも分け隔てなく話すため信頼が厚く、クラスに安心感を与えている。

ピア・サポーターとしてのトレーニングを重ね、友達の困りごとに誠実に対応し、丁寧に相談に乗っていた。

困っている友人に声をかけたり、親身に相談に乗ったりし、友達同士のトラブルを未然に解決している。

思いやりのある生徒で、体調不良の友人を保健室に連れて行ったり、悩みを抱えている友人の相談に乗ったりしていた。

日常から、家業の手伝いや弟妹たちの面倒を見ていることもあり、奉仕の気持ちがあふれている生徒である。

人望が厚く、存在感のある人柄である。周囲への気配りを忘れず、他人に対して寛容な対応ができる。

協調的であり、相手の言動を尊重し、周囲を笑顔にする穏やかな人間力を備えている。

読書家で温厚、情緒が安定しており、自分の感情に任せた発言や行動をすることが少なく、周囲からも一目置かれている。

口数は少ないが、その温厚な性格により人の話を素直によく聴いて、それを自らの糧にしている。

他人の気持ちを思いやり理解しながら、その場に相応しい言葉を選び、コミュニケーションをとることができる。

傾聴力が高く、友人からの相談事にも親身になって寄り添い、相手の気持ちを癒やすことができる長所をもっている。

周囲への気配りを忘れず、他人に対して寛容な対応ができる。規律正しい生活態度で、与えられた仕事を誠実に確実にやり遂げた。

仲間を思い、チームワークを大切にし、より良い演奏や活動のために尽力し、改善し続けた。

落ち着きがあり温厚な人柄である。思いやりがあり、孤立しがちな友人にも積極的に声かけをしていた。

決して表に立つことはないが、誠実で周囲に配慮できるので信頼がおける人物である。

温厚な性格で、友人が多く、その相談相手になる場面もしばしば見られる。

穏やかな性格で思いやりがあり、周りの友人からは頼られる存在である。

周囲に流されない面と同時に、温厚実直な性格で任せた仕事は誠実に取り組むことができる面ももつ。

温厚で素直な人柄により仲間が自然と周囲を取り囲み、そのため友人関係も良好である。

他者を気遣うため気疲れしがちだが、誠実さもあり空気を読む力にも長けているので、支えてくれる仲間が非常に多い。

困っている人にさっと手を差し伸べることができ、それが善意の押し付けにならない、真の思いやりの持ち主である。

努力家

記入のポイント

もっとも記述しやすい項目だと言えます。それだけに、調査書や推薦書への記載にあたっては、学習面や生活面、部活動や特別活動、資格取得や趣味・特技等の各場面に分けて、**どのような努力を重ねたのかについて、より具体性のある記述を心掛ける**必要があります。

小さな努力を継続できるため、時に大きな成果に結びつくことがある。

日々の学習にコツコツと取り組み、授業内での小テストでも毎回優秀な成績を収めることができた。

日々の授業の復習を欠かさず行い、わからないことは教科担当の教員に質問するなど努力を積み重ねた。

毎週の学習計画を自ら立て、取り組めたことを記録するなどして、日々の学習の努力を継続することができた。

課題の問題集でわからない問題があると、できるようになるまで何度でも繰り返し取り組むなど、努力する姿が見られた。

授業中に教師の発言で重要だと思ったことはメモをとり、復習の際に見返すなど、努力家らしい面が見られた。

何事も途中で投げ出さず最後まで最善を尽くすことをいとわない努力型人間である。

現状に安易に妥協せず、日々の生活を振り返りながら一つひとつの物事に根気よく取り組んだ。

目的の達成に向けて具体的な計画を立てることや、状況を的確にとらえながらその計画を修正し、目標に向かって歩むことができる。

成功への筋道がしっかり分析されており、目標達成に必要な努力の量、質、方向性が正しく理解されている。

「三倍努力」を常に意識しながら、隙間時間も有効に用いた。誠心誠意頑張る姿勢をもっている。

労を惜しむことなく、人の嫌がる練習も積極的に行うので、上達が早く、顧問からの信頼も厚い。

どんな取り組みに対しても、諦めずに継続できる態度は高く評価できる。

真面目な性格で、自分の中で決めた目標の達成に向けて、真摯な姿勢で臨んでいる。

様々な出来事と向き合い、自己省察を踏まえ、自らの成長に向けた努力
をしようとする姿勢が評価できる。

疑問に感じたことはしっかり考え、わからない点は積極的に先生に質問
するなど納得がいくまで頑張る姿勢が評価できる。

一つひとつのことを丁寧に時間をかけて学び、それを様々なことに応用
しようとする努力を怠らない。

困難なことも前向きにとらえ、他者との関係性の中で対話を重ねること
に努め、自分なりの考えをもつまで努力した。

保護者や教員といった目上の人のアドバイスに謙虚に耳を傾け、自分の
改善に役立てようとするなど学ぶ意欲が旺盛である。

その日に取り組んだことを手帳に書いて記録し、次に何をすべきか考え
て改善しようと努力した。

できない自分を変えようと、学習で躓いたところまで戻り、少しずつ演
習を重ねて、できることを増やそうと努力した。

第一希望の大学への進学を目指し、放課後も下校時間ぎりぎりまで、こ
つこつと自習室で勉強に取り組んでいた。

派手ではないが忍耐強く、進路実現につながることは誠実に取り組むことができる努力の人である。

努力を継続できる粘り強さをもち、遅刻をせずに登校することを目標にし、健康面や身だしなみを整え続けた。

疑問や質問を友人や先生に投げかけ、後回しにするのではなく、そのときに懸命に解決しようとする姿勢をもっている。

部活動と勉強の両立をやり遂げ、努力を惜しまず、希望の進路を実現した。

目立つタイプではないが、責任感が強く、内面の強さももっている。係の仕事も手を抜かず、コツコツと努力していた。

人一倍頑張り努力する生徒で、特に数学では数多くの問題を繰り返し解き、好成績を収めることができた。

バスケットボール部では、自主練習も欠かさず行っているため主力として活躍できている。

自分の考えをしっかりもち、様々な活動も人任せにせず努力し続け、達成するための準備も怠らない。

部活動に熱心に取り組み、学習との両立を目指して努力しながら成果を上げた。

自分の考えをしっかりもっている面があり、何事にも地道に取り組んでよく努力した。

地道な努力家で何事も最後までやり遂げる姿勢と責任感もあるため、周囲からの信頼も厚かった。

部活動や友人関係で悩んだが、他者の声を傾聴しつつ、自分の意見も伝えられるよう努力を怠らなかった。

日々部活動と学習との両立に取り組み、課題にも手を抜かず目標を立てて努力することができた。

どの教科においても、授業中に自分のもっている力を最大限まで活かそうと努力する面がある。

人が見ていない場面でも手抜きをせずに、自分の信念に基づいて行動できる努力家である。

自分を律する気持ちが強すぎる面はあるが、いつも100％の力を出そうとする姿は周囲の仲間の意識をも高めている。

マイペース

記入のポイント

物事を自分のペースで進めることを「**自分勝手**」ととらえられないように注意する必要があります。周囲に左右されない姿勢や、一つのことに集中できる態度、あるいは安易な同調をしない慎重さが良い結果をもたらしている等の**プラスイメージを浮かべながら記述**するとよいでしょう。

自らの感情や行動をコントロールできるために、周囲に惑わされることなく勉強にも部活動にも、その力を発揮できた。

普段の授業後は部活動に熱心に取り組み、テスト週間中は切り替えて学習に励むなど、自分のペースで学校生活を送ることができた。

教科によって得意不得意はあるものの、自らの興味や関心がある教科の学習には、とことん追求して取り組むことができる。

エンジンがかかるまでに時間はかかるものの、一度火がつくと集中して学習に取り組むことができる。

他の人の言動や根拠もない噂などに惑わされることなく、自分の判断で行動できる。

他者と自分を比較して競ったりせずに、常に自分の行動を自分で管理できるので、勉強も係活動の仕事も着実に積み上げていける。

自分の心地よいリズムをもって生活している。そのため、集中力も高く、学業にも手を抜くことなく取り組めている。

目標に向かって、自分のペースで努力し続け、周りの人とも良好な関係を築くことができた。

ものごとを計画的に進めることができ、それに基づいて実行していくという自立心も高い。

興味関心のあることに集中しすぎてしまう面はあるが、周囲に流されずに着実に積み上げていくことができる。

他者の意見や同調圧力にも惑わされずに、自らの意志で行動できる。

以前は周囲に気を遣いすぎるきらいもあったが、自分なりのペースをつかんで、心地よく学校生活を送っていけるようになった。

人は人、自分は自分という、周囲に振り回されない強さを身に付けた。また、自分なりの進度を意識した学習ができている。

周りの進度と自分を比較して慌てることもなくなってきた。自分なりのやり方が見つかってきたようである。

他者とのペースを合わせつつも、自分なりのリズムを見失わないで、学習を進めている。

周囲の仲間から支えられながらも自らのペース配分に気を配り、物事を最後までやり切れる能力を身に付けた。

おっとりとした性格で、まわりのペースに流されることなく、自分の時間軸をもって行動することができる。

石橋を叩いて渡る性格で、周囲の状況をよく観察しながら、慎重に自分のペースで物事を進めることができる。

非常に意志が強く、自分で決めたことは、最後までペースを守りながらやり抜くことができる。

部活動での記録を伸ばすために、自分で目標を設定し、それに向かって自分のペースでトレーニングを重ねることができる。

どのような状況にあっても、動じず、自分の考えで、ぶれずに行動をすることができる。

欠席日数が増えていたが、卒業を目標に無理をせず、まずは自分のペースを守りながら学校生活を送っている。

自分のペースをもって取り組むため、課題や授業にも集中でき、級友や先生との対話も大切にすることができた。

何事もマイペースで進めながら、信頼できる友達と平穏な学校生活を送り、遅刻や欠席も少なかった。

深い思慮と洞察力があるため、他者に合わせた軽はずみな行動をせず、計画的に確実な取り組みを実践し続けた。

芯が強く、几帳面であり、やらなければならないことを自分のペースに合わせて計画し、実行することができる。

周りに左右されず、自分のペースで何事にも取り組む強さがあり、自分の目標に邁進した。

感情に激しい起伏がなく、せかせかと焦るような態度も見せないので、周囲の仲間は安心感をもって接している。

マイペースな人物であるが、裏表のない実直さから周囲の理解を得られ、愛される存在である。

マイペースでのびのびとしている。偏った拘りもないため、勉強と部活動を見事に両立することができた。

物静かでマイペースな生徒であり、活発なクラスにあっても周囲に流されずに毎日の授業を集中して受けていた。

マイペースだが、その自らのペースで地道に演習問題数をこなすことができるため応用力も身に付いた。

体調を崩すこともあったが、家族の協力で食生活を改善し、無理をせず自分のペースを守りながら学校生活を送れるようになった。

温和でマイペースな性格である。相手のペースも尊重する姿勢があるので、友人関係は良好である。

マイペースな部分はあるが、時間を守る大切さは部活動を通して身に付けることができたため、安定した学校生活を過ごした。

自分の信じることややり方を曲げない面はあるが、他者への気遣いもできるために仲間から受け入れられている。

自分の行動原理に合った無理のないペースで活動するため、他の生徒の動向も余裕をもって確認できる。

焦りや慌てることがないので、小さな見落しや勘違いで行動してしまうようなことが少ない。

責任感がある

記入のポイント

学校生活のあらゆる場面に即して記述できる項です。ただし、生徒会役員・各種委員長・部活動キャプテン等の「リーダー的な責任感」を評価するだけに留めない工夫が必要です。**目立たない生徒の日常の小さな発言や、何気ない行為、縁の下を支える活動等にも注意深く目を向けて記述**しましょう。

何が全体を高めるかを常に考える姿勢や、何事も最後まで責任をもって実行する態度は周囲からの信頼を集めた。

クラスの学習係の仕事に責任感をもって取り組み、教科担当の教員からの信頼も厚い。

清掃活動に責任感をもって熱心に取り組み、他の生徒の模範となった。

責任感のある性格で、他の生徒がやりたがらないクラスの係も積極的に引き受け、取り組んでくれた。

学校生活に誠実に取り組んでいる。任されたことは責任をもって丁寧に行う姿勢が見られた。

途中で投げ出さず最後まで遂行する責任感の強さが、学校行事によるクラスの団結を支えてくれた。

上手くいかないときに、涙を流すこともあったが、最後まで諦めずに手を抜かず、やり遂げることができる。

困難な課題を前にしても、最後まで諦めず、仲間と協力し責任をもってその壁を乗り越えようとする姿勢は高く評価できる。

高い目標を立て、その達成のための解決方法を考え、結果への責任は自分で引き受け、最終的に成果を出すことができた。

与えられた役割以上のことにも取り組み、文化祭や体育祭を陰から支える活躍は目を見張るものがあった。

やるべき仕事に対して、がっぷり四つに組み、目立たない部分においても、クラスを下支えするような活躍があった。

時間がかかっても、負担が大きくなっても、やるべき仕事に対しては背を向けない強さがあり、非常に強い責任感がある。

労を惜しむことをせず、常により良いものを求めて、集団のために尽力することができる。

コーラス部部長として、依頼演奏や平和を願う献歌などに丁寧に取り組み、部員の活動を最後までまとめあげた。

与えられた仕事に対して、責任をもって全うすることができる。そのため、周囲からの信頼も厚い。

吹奏楽部部長として常にリーダーシップを発揮し、部員の言動を尊重し、より良い演奏や活動のために尽力し続けた。

修学旅行の自主研修コース設定の話し合いでは、班長として粘り強い検討を続け、班員をまとめ上げることができた。

学校祭実行委員の副委員長として委員長をサポートしながら、学校祭が成功するよう最後まで諦めず、連絡調整の役割を果たした。

生徒会会計として、各部活動からの要求に応えながら、丁寧に説明し調整を重ね、責任をもって予算案を作り上げた。

パートリーダーとして、後輩の指導や連絡調整がスムーズになるように努めていた。責任ある立場としての気持ちが強い。

日々の清掃活動ではその班長として、班員のお手本になるように、率先して丁寧な掃除を心掛けていた。

総合的な探究の時間でのグループ活動では、リーダーとして意見をまとめたり活発な議論になるように、積極的に声かけをしていた。

美術部部長として、部員の画力向上を目指して綿密な運営計画を立て成績も残すなど、その責任を十分に果たした。

部長として様々な行事の運営や、後輩の指導を熱心に行い、準備や片付けなど責任ある態度で取り組み、信頼できる存在である。

寮生同士で協力し合いながら、日々成長し続ける環境づくりに尽力し、寮長としての職責を果たした。

バレーボール部副キャプテンとしてキャプテンを支え、その役割を理解しているために軽はずみな行動はしない。

目立つタイプではないが、与えられた仕事はきちんと責任をもち、協力しながら地道に行うことができる。

弓道部の活動で日々礼節を身に付け、自分自身の役割を自覚しながら誠実に全うしていった。

ダンス部部長として様々なダンスイベントの構成、関係機関との連絡調整、日々の練習運営を丁寧に責任をもって実践し続けた。

吹奏楽部では、演奏の司会や活動発表のスピーチを誠実にやり遂げ、頼りになる存在である。

責任感があり、目標達成に向けて努力することができる。体育祭委員として選手の選出や種目の練習でリーダーシップを発揮した。

ホームルーム委員として、○○というクラス目標の達成に向けて仲間をリードし、その責任を果たした。

裏方に徹するタイプではあるが、班別活動では副班長に推薦され、自らの責任を自覚して行動した。

公平公正な態度でクラスでも一目置かれている。選挙管理委員会の委員長に選出され、生徒会役員選挙で責任を果たした。

物静かであるが内面の強さももっている。派手ではないが忍耐強く何事にも誠実に取り組むため、安心して任せることができる。

リーダーであることの自覚をしっかりもっているため、何事に対しても責任ある発言や行動ができている。

不得手なことがあったとしても、責任感と忍耐力があるため粘り強くやり抜くことができる。

自他への厳しさからチーム内での反発もあったが、的確で正当な指摘やリーダーとしての責任ある態度があるため信頼されている。

日々の記録を取り続けよう

記録をつける

　教員にはやることが山のようにあります。庶務をこなすときはあんなにゆっくりと時間が流れていくのに対し、大切な生徒とのやり取りの時間は一瞬で過ぎてしまいます。ですから、「素敵だな」と感じたことや、是非残しておきたいなと思ったことは、生徒のことでも、クラスのことでも、必ずメモを取っておきたいところです。いいことにも悪いことにも、心のフィルターにかかった、そのことには、何か意味があるはずです。メモに残すことで、記録も記憶も残せます。シャッターを切るように、その瞬間を逃さず、ノートに書き留めておくことをおすすめします。

記録を整理する

　せっかく取った記録です。職員室に戻ったら、パソコンの一人ひとりのファイルやページなどにまとめておきましょう。自分で書き留めたことは、なかなか忘れません。どんな走り書きでも、あとで使えるようになってはじめて活かされます。時系列でメモを整理してあげてください。

記録に残す

　記録には、3種類の情報があります。一つ目は、「事実」です。日時や、場所、どんなことがあったのか、などです。二つ目は、「そのときに、教員自身がどう感じて、どう関わったのか」ということです。その生徒も覚えてくれますので、できれば、何らかの言葉をかけておくことがおすすめです。そして、三つ目は、「その後の変化」についてです。その出来事があったことで、周りにどんな影響があったのか、教員が声かけをしたことで、その生徒にどんな変化や反応があったのかなどです。これらの情報を押えておくことで、一連の流れを記録しておくことができます。当たり前のことですが、意識しておくと、あとあと役に立つ習慣です。

第 2 章

意欲的に取り組む
教科・科目

日常の学習状況や進歩

記入のポイント

担任自身の担当教科以外でも、**生徒の学習状況全般についての情報を収集し、生徒個々の特性を的確にとらえ、具体的・端的に表現**します。生徒の「興味・関心」、学習の「方法・スタイル・習熟度」、生活の「背景・経験」、「進路希望」などを押さえておくことが重要です。

学習計画を立て、定期考査勉強に力を注ぎ続け、改善点を見出し、2学期定期考査に繋げる勉強の工夫を実行している。

家庭学習時間を確保し、定期考査前にも着実に課題をやり遂げることができた。少しずつ成績を向上させることができた。

日々の学習課題やノートづくり、小テストに誠実に取り組み、成績を向上させた。提出期限を必ず守り、丁寧に学習し続けた。

日々の授業を大切にし、ノート作りを工夫して学びを深めることができた。週末課題も丁寧に取り組み、成績を向上させた。

疑問があれば友達に聞き、相談しながら提出し、宿題も後回しにせず丁寧に取り組み、成績を向上させることができた。

定期考査前だけでなく、日々の授業にも集中して取り組むことができた。課題も確実に提出期限を守り、基礎力を高め続けた。

苦手な分野に対して粘り強く学び続けることができた。体育演習の授業に積極的に参加しており、運動が大好きである。

疑問点は担当教師に質問したり、友人に確認したりしながら、理解を深め、確実に力を付けた。

ノート作りを工夫し、復習しやすいレイアウトに心がけた。課題も提出期限を守り、地道な努力を惜しまず、学習し続けた。

テスト期間前は目標を立て、1日24時間を有効に使うために睡眠をできるだけ削らず、効率よく勉強できるよう行動した。

家庭学習についても地道な努力を惜しまず、定期考査に向けて学習計画を立て、着実に勉強を積み重ねた。

日々の予習復習を大切にし、わからなかったところはその日のうちに苦手をなくすように努力し続け、優秀な成績を収めた。

ノートづくりや、予習復習、日々の課題に対して真摯に取り組み続け、より良い成績を収めることができるように努力した。

小テスト対策として、朝練習や部活動が終わってからのバス乗車中の時間などを有効に使い、成績を向上させることができた。

教科担当者の問いかけに対して自分自身の考えを丁寧にまとめ、積極的に発言することができた。表現力豊かである。

情報理解力があり、情報を正しく判断し、全ての教科において手を抜かず学習に励み、成績はクラスの上位を維持した。

教科担当の先生の元に行き、質問を重ねた。満足のいく結果が出て、努力することの大切さも学ぶことができた。

学習する教科に偏りがないように心掛け、自分で学習方法を確立することができ、大きく飛躍することができた。

語彙運用力があり、文章を簡潔にまとめることができる。ノートの取り方などを工夫することで徐々に成績が向上した。

学習面では、どの教科においても真面目に取り組み、安定した成績を収めた。目標をもって学業に取り組むことができた。

情報理解力が高く、社会情勢について考えることができる。意欲的な学習により、文系科目で成果を上げた。

授業に積極的に参加し、発言や質問を通して理解できるように努力した。提出期限を守ることを心掛けることができた。

どの科目においても地道に熱心に学習し続け、優秀な成績を残した。休み時間を上手に利用し、目標に向けて計画的に学習した。

友人と切磋琢磨して勉強し、わかるようになるまで繰り返すなど学習方法も工夫を凝らしていた。

授業に集中するよう心掛け、発表も積極的に行い、わからない問題はすぐに質問することでその問題を理解した。

毎回の授業に集中し、確実にノートを取ることを心掛け努力を重ねた。理解力があり、自分の言葉で文章を表現することができる。

自らの課題を理解し、その解決に向けて日頃から努力を重ねた。テスト直前には、教科担当の先生の元に出向き、質疑を重ねた。

毎日の学習を継続し、わからないところは級友や先生に質問するなどして主体的に学業に取り組むことができた。

ペアワークやグループワークで積極的に発表するように心掛け、少しずつ学習意欲を高め、課題に真摯に取り組むことができた。

学習計画を立て、自分が改善したほうがいいと思うところを重点的に何度も演習し続け、克服することができた。

授業だけで学習を完結させるのではなく、学びの定着に向け休み時間を十分に利活用し、自主学習時間を毎日確保した。

意味を考えて理解することを心掛けながら学習に取り組み、日々の小テストにも一生懸命取り組むことにより、学力を向上させた。

授業や日々の家庭学習に真面目に取り組み、授業で行われる小テストや課題にも手を抜かず取り組んでいた。

授業に集中して取り組み、課題にも手を抜かず目標を立てて、家庭学習では苦手科目に重点を置き、努力することができた。

全ての教科に満遍なく力を注ぐことができ、休み時間など空いた時間を見つけて勉強し、努力を怠らず、成果が顕著に表れている。

学習動画を見たりワーク演習を何度も解き直すなど、努力を怠らなかった。定期考査では常に上位の成績を収めている。

理解できなかった箇所はその日のうちに復習するなど、コツコツと努力を重ね、基礎や基本を定着させることに尽力した。

基礎を定着させることを目標に、自分なりに勉強法を考え少しずつ力を付けている。見やすいノート作りを工夫した。

明るい性格を活かしてグループワークではみなの意見をまとめ、科目ごとに自分に合った勉強法を見つけ、コツコツと勉強した。

常に自分で学習目標を掲げ、そのための努力を惜しまず、授業では積極的に意見を発表するなど、意欲的な態度で臨んでいた。

コミュニケーション能力が高く、グループワークでは積極的に意見を出したり、まとめたりした。

熱心にかつ計画的に学習を実践することができるため、安定して高い成績を維持していた。

高い目標をもって、それを達成するための計画をしっかりと実践していくことができる。

何事にも常に向上心をもって取り組む。教員からの学習指導も素直に受け入れて、自分の力に変えていった。

集中力と高い目的意識をもって全科目効率よく学習に励み、学習目標を達成させた。主体的に学ぶ姿勢を常にもち、努力を重ねた。

真面目な学習態度は常に保たれており、妥協なく学習を進めていった結果、優秀な成績を収めることになった。

試験前になると、ノートに要点を整理し、それをもとにして友人に自分の言葉で説明できるように努めている。

解けなかった問題を繰り返し勉強することで、諦めずに取り組むことの重要性を学び、極めて優秀な成績を収めた。

どの教科の授業にも意欲的に取り組んだ。教師の話を熱心に聴くことを心がけ、授業中に理解できるように努めた。

隙間時間を大切にし、計画的に学習し、その結果、学期を重ねるごとに成績を向上させることができた。

将来の進路希望を明確にしてから、各科目ごとの学習目標を定めて、自習室での学習を継続した結果、学力が飛躍的に向上した。

日常の経験と日々の学習を関連付けるようになり、理科や、家庭科、芸術科目などに興味をもち、意欲的に学習に取り組んだ。

繰り返し復習し、わからない箇所は放置せず、担当の先生や周囲の友人に聞くなど理解できるまで粘り強く学習に取り組んだ。

社会人の講話を聞く体験から、タイムマネジメントを積極的に取り入れて、効率的な学習を継続するようになった。

文系科目

記入のポイント

国語、地理歴史、公民、外国語が中心になります。日々の授業時の様子やテストの結果だけではなく、**長期休業中の課題や、授業以外に取り組んでいる事柄やその成果などについても、生徒の興味・関心や進路希望などと関連付けて記述**していくとよいでしょう。

日々の授業では大切な言葉をメモし、反復し、ノート作りを大切にした。特に、古典や英語学習に力を注ぎ、成績を向上させた。

英語科目に力を入れ、特に校内スペリングコンテストのために単語暗記を集中的に行った結果、高得点を収めることができた。

日本史や世界史の授業では、史実について多角的な視点をもち、自分の考えをしっかりもち、授業に取り組むことができた。

国語演習の授業では、日々の新聞やニュースを調べ、現在の日本の問題点と比較対象しながら考えるようになった。

将来、英語教員になるという明確な目標をもち、自習室での学習を継続した結果、学力が飛躍的に向上した。

現代文の漢字テストに積極的に取り組み、満足のいく得点を獲得できるようになった。

古典が苦手であったが、時間をかけて単語や助詞、助動詞の意味や使い方、文法を覚えることで克服できた。

特に古典の小テストでは日頃から努力を惜しまず、全て満点を取った。

英語の授業では、メモを取り内容を理解することに努めた。文法を覚えて、英会話を駆使することで、実践的な力を身に付けた。

英語や国語が得意で、漢字検定に向けても熱心に取り組み、目標とした資格取得を達成した。

得意科目の英語では、正しい発音の仕方を身に付けたり、積極的に英語で会話するなどし、着実に実力を伸ばすことができた。

国語学習では、文章を読むスピードを上げるため、速読に取り組んだ。

英語が得意で、校内スペリングコンテストは100点満点を取ることができた。英語表現も常にトップの成績であった。

英語科目が得意であり、予習復習を大切にし、ディクテーションコンテストに積極的に取り組むことができた。

総合的な探究の時間において研究したことを言語化したいという強い思いから、国語の学習に意欲をもって取り組んだ。

国語の基礎学力向上のため、朝の学習や休み時間を利用して漢字の読み書き練習に熱心に取り組み、漢字検定準2級を取得した。

英語に関しては、着実に学習を進めていったことから自信と実力が付き、積極的に発言できるようになった。

4技能をしっかりと伸ばし発信力のある英語力を身に付けている。授業でもよく発言し、いつも積極的であった。

英語による発信力を強化していった。流暢な英語を使い、自分の意見をはっきりと述べることができる。

英文を覚えることに集中してきたが、英単語や教科書の内容を隅々まで確認することで、成績向上に繋げることができた。

発信力のある英語力を身に付けようと努力し、英語プレゼンテーションでは工夫を凝らし、発音面でも申し分のない発表を行った。

コミュニケーション能力の高い英語力を身に付けている。発音が大変優れ、それを活かしている。

地図や表、グラフなどと地理的な知識を結びつけて考えることができ、貧困や差別などの社会問題に関心を深めている。

現代文や古典の授業では、課題だけではなく問題集を使い、より多くの問題を解くことで読解力を身に付け、成績向上に努めた。

英語を重視し、毎日英単語を覚え、教科書を暗唱できるように勉強した。英単語は書いたり、発音したりすることで確実に覚えた。

国語においては、文章を丁寧に読むことを心掛けるようにし、その結果、問題で問われている内容を確実に理解することができた。

世界史が得意で、人物と出来事のつながりを理解し、好奇心や発想力の豊かさを活かしたノート作りが得意である。

公共の時間に配られる新聞を読み、時事問題に常に関心をもっていた。

特に日本史探究の授業では学習アプリを使用した授業を受け、意欲的に課題の提出や意見交換をすることができた。

将来の目標に向けて、自主的に韓国語の勉強にも熱心に取り組んでいる。

日本史を学ぶことを通して現代社会の情勢にも興味関心をもち、多角的に世の中を見ることができた。

第二次世界大戦時におけるメディア報道についてしっかりとリサーチし、明晰な分析を土台とした発表をした。

エッセイ・ライティングでは、毎回の課題に丁寧に取り組み、少しずつ英文構造の仕組みを理解し、改善することができた。

幼い頃、日本史コミックを毎日音読していたことから、日本史に関して深く多くのことを理解して暗記している。

時事問題と地理が深く関係していることを知り、地理の授業に意欲をもって参加するようになった。

古典の現代語訳の学習を通して、文学作品の行間を想像することに楽しみを覚え、積極的に学習に取り組んだ。

金融機関に勤めることを目指しており、政治経済に興味をもっている。経済に関するグラフや表を分析することに強い関心がある。

倫理の授業のディベートをきっかけに、人物や思想の丸暗記はやめ、現代社会と先哲の思想がどう結びつくか考えるようになった。

理系科目

記入のポイント

数学と理科が中心ですが、それぞれの教科の中にも様々な分野があり、またデータ処理の関連で、パソコンや情報処理との繋がりも考えられます。**実験などは複数人で実施することも多いので、個人の学習面だけでなく、共同学習の場での言動にも注目して記述**するとよいでしょう。

生物の実験レポートで、正確で詳細な観察図を描き、内容として高い評価を得た。

生物の昆虫分野について、広く深い知識を有している。生態系の学習では自ら課題を設定し、自主的な学習を深めていった。

物理基礎で学んだ内容を、日常生活に当てはめて、その理由を科学的に理解することができるようになった。

物理の運動に関する分野に興味を抱き、実験ではグループ内での作業などを手際よく処理していた。

化学の物質の分離や精製、元素確認などに関する実験に意欲的に取り組み、丁寧なレポートを作成した。

化学の身近な生活に関連する話題に興味を抱き、特に水に関して環境を守る取り組みをテーマにしたレポートが秀逸であった。

地学の地球内部の構造と地震発生のメカニズムの分野に興味を抱き、様々なデータを収集分析したレポートを作成した。

宇宙研究施設の見学体験をきっかけに、地球や宇宙に関心を深め、意欲的な学習を続けるようになった。

苦手だった数学に対して、将来の目標を決めてからは毎日継続的に学習を深めていき、成果を出すようになった。

数学全般の学習に秀でた才能を発揮している。仲間を誘いながら放課後職員室でよく数学の質問をする姿が見られた。

将来は獣医になるという目標のもと、生き物の観察・実験に打ち込んでいる。

丁寧にデータを集めて、そのデータをグラフ化し、グラフからどのような現象か考察することができる。

相対性理論に強い興味をもち、図書やインターネットを活用して独自に学び、現代物理学の研究者を志すようになった。

量子コンピューターのニュースから、量子力学に興味をもつようになり、独学で量子論の学びを深めるようになった。

数学の小テストに地道に取り組んだ結果、基礎的な知識が定着し、数学の学習に取り組むことに対する自信に繋がった。

科学部の活動をきっかけに化学に関心をもち、放課後も担当の教師に質問するなど、意欲的に学習に取り組む姿勢が見られた。

放課後、友人に物理を教えることをきっかけに、物理の学習に対して自信をもつようになり、積極的に取り組むようになった。

解剖実験の事後調査を継続したことをきっかけに、経験と知識が深く結びつき、生物の学習に意欲をもって取り組むことができた。

農学部に進学することを目指しており、昆虫と植生の関連について強い関心をもっている。

薬剤師をめざしており、物理と化学に関心をもっている。放課後も担当の先生に質問するなど粘り強く学習に取り組んだ。

星座に興味をもち天文部に入部した。活動を通して宇宙について専門的に学びたいと思うようになり、理学部への進学を決めた。

〇〇大学工学部が実施した探究実験講座に参加し、物理に興味をもった。漠然としていた進路に目標ができ、学習にも意欲的になった。

理数系が苦手だったが、建物や建築に興味をもつようになり、進路の目標が固まって、数学の学習に意欲的に取り組むようになった。

苦手だった数学を基礎基本から勉強し直し、解答を導き出すことに喜びを感じるようになって、理数系の苦手意識を克服した。

暗算が得意で、計算ミスをほとんどせずに正確な計算が素早くできるので、周囲からも一目置かれている。

理数探究の学習で、実験データなどをコンピュータで手際よく処理し、グラフ化などのビジュアル効果の高いレポートを完成した。

理数探究で、「待ち時間」をテーマに交通渋滞、混雑した飲食店の待ち時間、エレベーターの待ち時間などを研究し、発表した。

気象予報士になることを目標に、理数系科目を中心に熱心な勉強を続けている。

情報Ⅰのプログラミング学習に興味をもち、更に広くコンピュータサイエンス全般を学ぼうと、自学を始めている。

ロボット制御の簡易言語（スクラッチなど）に関心をもち、同好の仲間とパソコン同好会を結成し活動している。

実技科目

記入のポイント

保健体育、芸術、家庭、情報などが記載の対象になります。所見記入のためには、**課題や作品の出来栄え、各種の技術力やその向上など、担当教員からの情報提供が不可欠**です。併せて個人面談等を活用して生徒本人からの聞き取りも行い、総合的な記述になるよう心掛けましょう。

情報の授業内の課題として作成した学校紹介のマルチメディア作品を発展させて、実際の学校紹介時に使用されて好評だった。

プログラミングに関心が強く、スマートフォン用のアプリを自作する力がある。

WEBサイトを班に分かれて共同製作する場面で、チームの和を生みだすムードメーカー的な役割を果たしていた。

歌唱力に優れ表現力の豊かな歌唱ができる。授業内の合唱でソロパートを担当した。

音楽の授業内で学習した民族音楽に興味をもち、様々な民族音楽のルーツなどを自ら調べていた。

細密画を根気よく完成していく忍耐力がある。作品は多くの人を引き付ける。

美術の学習の中で映像メディアの分野に関心を深め、建築物へのプロジェクションマッピングに意欲的に取り組んでいた。

工芸の七宝焼き実習に夢中になったことがきっかけで、陶芸など他の実習にも熱心だった。

生来の感受性の豊かさがあり、特に工芸作品への鑑賞眼が鋭い。

書道に長く親しんでおり、草書、行書、その他の書体それぞれの作品で完成力を発揮した。

書道パフォーマンスの一員として選ばれ、文化祭では協調力と共にその筆力を発揮し、大きな作品を完成させた。

ダンス構成について、より高い次元を追い求めて研究していくことに興味がある。

「工業技術」の授業において、工具類を丁寧に扱って作業に取り組み、細部にこだわって作品を仕上げる姿勢が見られる。

栄養士を目指しており、家庭基礎のフードデザインの分野に関心をもち、自発的に学習に取り組んでいる。

エシカル消費に興味をもっており、家庭基礎の学習内容のファッションから衣食住へと関心が広がり、学習が深化した。

家庭基礎の実習では、持ち前の手先の器用さを活かして、率先して取り組み、周囲の友人にも範を示した。

情報の課題では、テーマを多面的に把握するように努めて、情報の受け手を意識した取り組みが見られる。

運動能力が優れており、体育の授業では率先して各種目の練習に取り組み、クラスの活動を盛り上げている。

球技はどの種目も得意で、グループ活動ではチームの中心になって活動を盛り上げている。

体育の選択授業では得意のサッカーを選択した。リーダーとして練習計画を立て、全員が意欲的に活動できる練習をすすめた。

絵画やデザインが得意で、ノート作りが上手である。特にデッサンの授業では、納得のいく絵を仕上げることができた。

美術の授業では、デッサンに高い関心を示し、自由でのびのびとした作品に仕上げることができた。表現力も徐々に高まっている。

専門科目

記入のポイント

専門高校には多くの専門科目が設定されていますが、普通科でも選択科目の中に専門科目を設置している場合があります。**実習や課題を提出する機会も多いので、学習内容のみならず授業への姿勢、成果などの情報を教員間で共有**しておきます。資格や検定と関連する場合にはそれも含めます。

「作物」のプロジェクト学習に熱心に取り組み、作物の特性や生産環境について深く理解することができた。

「森林経営」を中心テーマにした課題研究に取り組み、コンピュータを活用した資料などを豊富に取り入れたレポートを作成した。

電子機械の製作実習に興味関心が深く、正確な作業と、無駄のない回路設計ができた。

CADに熱心に取り組み、建築・機械設計を将来の希望進路の一つと考えるようになり、関連資料を求めて図書館にも通った。

総合実践の授業で、実際に実務に携わっている外部講師の話を聞くことがきっかけになり、他の専門科目にも集中して取り組むようになった。

観光ビジネスに関連した職場体験活動に取り組み、自己の進路実現の方向性を見い出し、企画力やプレゼンテーション技術も磨いた。

水産資源の増殖についての学習の際に、海外の先行事例などを詳しく調べたレポートを作成した。

漁業に携わる人との体験活動をきっかけに、現在の課題や今後の可能性などをテーマに学習を深めた。

看護の臨地実習で、実際の看護現場の体験から、感動と共に多くのことを深く学びとることができた。

看護科の科目全般に対して、学習を高める努力を続け、理解する力・考える力を身に付けている。

福祉実践を学ぶことによって、介護福祉にとって、医療や栄養、自然科学などの専門知識の大切さを実感できるようになった。

災害時の緊急避難所などでのボランティア体験によって、介護福祉の実践的な理解ができるようになった。

「生活と福祉」の授業で地域での問題や課題について考えるようになり、生徒の視点で解決できる取り組みを地域情報誌に提案した。

地域の課題をよく観察し、農業の多様な特質の中から、地域に合った農業生産のあり方についてしっかり考察できた。

食料の供給について課題意識をもっており、農業生産品の加工と保存について自発的に研究を行った。

産業科の学習として、地域産業の活性化のために地元の企業と連携し、商品開発を行うことに興味を示していた。

観光科の学習で、地域に滞在している外国人との交流の機会を活かして、地域観光に関する知識を意欲的に習得した。

水産環境保全に関心をもち、リサイクルや省エネルギー対策などについて、多くの現場を見学し、知識や技術の深化に努めた。

介護士の職業に魅力を感じ、本校の福祉科で学んだ。社会福祉基礎や介護福祉基礎のみならず介護実習にも熱心に取り組んだ。

体育が好きで、教員という目標が明確だったため本校体育科で学んだ。苦手種目もあったが、専門的な指導により意欲的に学習に取り組んだ。

中学生対象の理科実験教室で興味が深まり、本校理数科に入学。地球や宇宙に関心をもち、理数地学の授業は特に意欲的に取り組んだ。

幼児期から親しんだピアノの技術向上を目指して音楽科を志望した。専門家の指導と本物に触れる機会を得て、感性や表現力を磨いた。

書く内容が思い浮かばないとき

　真面目で、教師から指導されることもなく、部活動もせず、まっすぐ家に帰り、学校を休むことはないが、目立った表彰も検定合格もない……。そんな生徒に対する所見に悩んだことはありませんか。もし、3学期修了式後の状況の中で所見を書かなければならないとしたら、「もっと面談をしておけばよかった」「声かけをしておけば」と、後悔の連続だったかもしれません。

所見に書けるような活躍を「引き出す」方法

　この書籍を手に取っている教師のみなさんは大丈夫です。所見文例集の中から、直面している生徒と同じような文章を見つけつつ、当該生徒が記入し続けてきたポートフォリオの内容も組み合わせて活用してみましょう。

　一方、年度途中であり、提出締切まで時間がたくさんある場合は、生徒との面談をじっくり重ねていきましょう。いままでの人生で大事にしてきたこと、探究してきたことなどを質問することで、生徒が心を開いてくれることもあります。

　生徒自身がささやかに感じていることが、とても大切なことだったと気が付くこともあります。ボランティアで小学校のバレーボールコーチをしている生徒がいました。練習計画を考え、指導しているときの気持ち、監督や保護者との連絡、子どもたちへの声かけの記録を一緒に振り返ったところ、地道な練習の積み重ねやPDCAを無意識に続けていたことに気付き、感動したことを思い出します。

所見に書けるような活躍を「作り出す」方法

　対話が苦手な生徒やポートフォリオの記入文字数が少ない生徒に出会うこともあります。そのようなときには、本書のシリーズ本の付録にある「ネガ・ポジ用語」や「文例用語」を活用し、プリント類の集配の声かけをしたり、学校行事や係活動の中で役割を与えてみたりしませんか。教師の声かけや行動によって、生徒が次のステージへ歩みだす勇気が生まれます。

第 3 章

総合的な探究の時間

「探究」の所見記入について

(1)「総合的な探究の時間」について

　平成30年度高等学校学習指導要領で示された「総合的な探究の時間」(以下、総合の時間と表記)は、探究の学習過程の「①課題の設定」「②情報の収集」「③整理・分析」「④まとめ・表現」を繰り返していきます。これは小・中学校での総合的な学習の時間と共通していますが、高校の場合は生徒が主体的に、かつ、より質の高い探究学習に取り組むよう求められています。

(2) 総合の時間と探究科目との違い

　学習指導要領の改訂で、古典探究、理数探究など、探究と名がつく科目が新設されました。「平成30年度高等学校学習指導要領解説」の「総合的な探究の時間」には、総合の時間と教科等における探究科目との異なる点について、以下が挙げられています。

　①学習対象が実社会や実生活の中に存在するものであること

　②複数の教科等における見方・考え方を用いて俯瞰的に探究すること

　③すぐに解決できないような課題や、唯一の正解が存在しない課題に対して、最適解や納得解を見いだすことを重視すること

　つまり、総合の時間における探究活動の課題解決には、自己が将来にわたって関わっていく社会の課題について、自らの力をもって立ち向かい、よりよい社会に参画していこうとする生徒の思いや願いが必要だと言えます。

(3) 評価規準の観点表記

　令和4年度入学生以降の指導要録については、「学習活動」「評価」に加え、「観点」の欄が設けられました(この書式の文例は『高等学校生徒指導要録記入文例』第2章を参照)。

　また、令和7年度入試以降、調査書の様式も「学習活動」「評価」「観点」に変更され、生徒が探究活動を通して身に付けた力を記述することになりました。そこでは、各学校が設定する内容のまとまり(探究課題とその解決を

目指す一連の活動を通して育成を目指す具体的な資質・能力）を端的に表現している場合もあるでしょう。

　令和３年に国立教育政策研究所が示した『「指導と評価の一体化」のための学習評価に関する参考資料　総合的な探究の時間』には、評価規準の作成についての記載があり、これをまとめると次のようになります。

- ●知識・技能の評価規準の観点は、単元目標のうち、課題の解決を通して育成を目指す資質・能力の「知識及び技能」に関連する文末を「〜について理解している」「〜を身に付けている」という表現にする
- ●思考・判断・表現の評価規準の観点は、同上の「思考力、判断力、表現力等」に関連する文末を「〜している」などに改める
- ●主体的に学習に取り組む態度の評価規準の観点は、同上の課題の解決を通して育成を目指す資質・能力の「思考力、判断力、表現力等」に関連する文末を「〜しようとしている」などに設定する

（4）生徒の学習の姿から見られる探究過程に着目した評価

　評価は、上記の規準に基づいて生徒の成長や学習状況について分析的に行い、それを文章で記述します。観点別の評価については、単元や題材のまとまりごとに、生徒の学習活動を把握できるものとして、時期や場面を精選して設定しておくことも大切です。またその際には、期待される規準に基づき、ポートフォリオに集積されたワークシート、作品や発表の内容や、生徒の活動の姿を示すこともできるでしょう。

　本章の文例は、総括的な評価として「知識・技能」「思考・判断・表現」「主体的に学習に取り組む態度」の３観点を全て記載しています。上記を参考にして、生徒の探究活動をとらえ、観点を示し、より詳細な評価の記述ができることを期待します。

参考：文部科学省「今、求められる力を高める　総合的な探究の時間の展開」（令和５年３月）
国立教育政策研究所「「指導と評価の一体化」のための学習評価に関する参考資料」（令和３年８月）

国際交流

記入のポイント

グローバル社会において、外国人の生活や、その多様な価値観を深く理解する探究活動です。そのための具体的な企画や方法、役割などを明示します。他の生徒と一斉の活動であれば、事後の振り返りの感想や気づきを踏まえ、該当生徒の探究の特質として明記しておきます。

外国研修旅行を通して、事前、研修後のオンライン交流ができた。海外の生徒との深い関係性を築くことができた。

修学旅行先を海外に設定したことで、相手国の調査が自分ごとになり、班の仲間たちと異文化理解を深めることができた。

日本人学生の海外留学状況等の調査を見たことをきっかけに、留学阻害要因は大学の支援体制であるという仮説を検証した。

留学生のホームステイを受け入れ、日々の生活の中で異文化理解を深め、互いの文化について語り合うことができた。

諸国の課題を解決するために、パターンランゲージを用いてまず自国の課題を解決する糸口を探すことができた。

高校生の署名活動がどのような結果に結び付くのか、諸外国との比較も加えて多面的に考え、自分たちなりの考えを出すことができた。

海外の方たちとオンラインで意見交換をするときには、事前に進行表を関係者と合同で作成し、主体的に運営する姿勢が見られた。

核兵器を所有する各国首脳の発言を冊子にまとめた。それを各在日大使館に送付した結果、日本の政策を考える意見交換ができた。

海外の方に被爆の実相を伝える際は、日本語での説明をほぼ同時通訳するなど、自身の英語力を存分に発揮した。

「戦争・平和」に関する意識の国際間格差の研究をもとに、国内間での意識に興味・関心をもち、本校生徒へ質問紙調査を行った。

EUを題材に取り上げ、交換留学生と共に英語資料を読み解き、主題を掘り下げた原稿を作成し、素晴らしい発表を行った。

米・ロシア・日本の高校生が核軍縮について議論する核軍縮国際会議にオンラインで参加し、そのプレゼンテーションは高く評価された。

米中経済摩擦の日本への影響について、経済同友会から講師を招いて学習した。班で協議し、真の国際理解と交流の必要性を理解した。

SDGsについて、公認ファシリテーターのもとで「2030SDGs（カードゲーム）」を使用し、理解を深めた。

青少年ピースボランティア活動を通して、海外の方々と戦争や平和、自分たちの未来について共に語り合うことができた。

カンボジアの日本人学校とオンラインで交流し、生徒同士の交流を通して互いの文化に触れ、海外を視野に進路選択できた。

途上国で医療に従事する現地の看護師と定期的にオンラインで交流し、英語で質問したことを整理して校内の壁新聞にまとめた。

折り鶴パフォーマンスのボランティアに参加し、外国人と一緒に平和について語り合うことができた。

班で協力し「被爆国日本」の惨状をまとめるとともに、オンラインでアメリカの高校生たちと交流し、平和の大切さを訴えかけた。

平和学習部に所属しており、原爆関連の学びを深めつつ、他国の生徒との交流を担当する仕事に責任をもって取り組んだ。

国際音楽祭にスタッフや出演者として参加し、海外の高校生との演奏や交流を通して、異文化理解を深めることができた。

コーラス部に所属し、国連合唱団と合唱音楽を通して交流し、平和を実現するのは一人ひとりの人間であることを実感できた。

日本人と結婚した地方在住の外国人女性に、日常で祖国の文化をどのように子どもに教えているかオンラインで取材し、授業で発表した。

アジア発のコスメブランドを好んで購入する世代に着目し、日本と他国間と印象が年代毎に異なる実態を発見した。

外国人に、日本語の「どうも」、「結構です」の多義を伝えるために、平易な言葉と場面設定のコント動画を企画して仲間と演じた。

世界における教育格差とその課題についてしっかりとリサーチし、明晰な分析をし発表した。

留学生の困りごとを支援するボランティア団体を取材して、諸課題の経年変化を聞き取り、直接支援と二次支援の違いを図にまとめた。

フィリピン出身の生徒の母国での話を聞き、海外に興味をもち、日々比較をすることで、自国の文化を再認識した。

ネパール出身の家族が経営するアジアンカレーに興味をもち、各店を食べ歩き、地域による調理法や香辛料の違いを分類した。

世界の家庭料理に見られるオムレツが、その国に伝播した歴史を調査した。具材や調理のレシピを翻訳して文化祭で紹介し、実演した。

情報

記入のポイント

情報は、**経済や消費に関する行動様式の変化に伴い、社会問題やネットリテラシーなどを含む学際系の分野**となっています。加えて、生徒の日常生活にも範囲が及んでいます。仮説を検証するための実験や、結果をまとめた図表の分析結果等についても触れるとよいでしょう。

高校生のSNS利用状況についてアンケート調査を実施し、トラブルの事例を紹介・分析した上で、未然防止策について提言した。

学年生徒を対象に視聴デバイスの調査を実施した。差が開いたのは週末や長期休業中で、部活動加入者との相関関係があった。

タブレットを用いて学習することの意味やそのメリット・デメリットをグーグルジャムボードにまとめ、発表することができた。

「AIが裁判をするメリット、デメリットは何か」という問いに対して仮説を立て、先行研究を調べ、自らの見解を論文にまとめた。

「より良い学校生活を送るには」という課題で、ChatGPTと人間が回答した文章ではどのような差異があるか考察した。

「50年後の日本で縦書きは残るのか」という問いに、複数の文献を読み、言語学者にも問い合わせた。成果を論文で結実させた。

デジタルトランスフォーメーションの実例について調べ、最先端の取り組みをしている企業にインタビューを行い、その成果を発表した。

NFTやWeb3.0について、専門書を読み、専門家にインタビューして調査を進め、クラスの仲間にわかりやすく発表した。

サイバーカスケードについて考察した。タイムラインの類似性や確証バイアスも原因だが、事実を把握する大切さを事例で検証した。

Google Workspaceを使って何ができるのか、班に分かれてアプリを分析し、その内容をまとめることができた。

データの蓄積と解析を地道に行い、日本語の顔画像解析による読唇技術の認識精度を向上できるアプリの開発を行った。

将来は情報系大学に進学してIT企業を起業することを目標としており、SNSで必要とされるプログラミングについて考察した。

貨幣の多様化について、キャッシュレス社会の実現に必要な情報化の仕組みを考えるなど、現代社会の情報化について深く学んだ。

過去の企業のデータ流出事件を調べ、セキュリティやメンテナンス対策だけではなく、職場環境にも要因があることを導きだした。

環境

記入のポイント

自然環境とそこに起きているグローバルな環境問題、資源やエネルギー問題、あるいは人と居住空間や芸術活動の効果など、幅広い分野が含まれます。目的や活動内容の他、実験や分析方法、データ結果を付記する場合もあります。その際には、仮説と共に考察手順を示す必要もあります。

学校周辺の川の清掃に努め、HPにごみ廃棄の現状を発表した。環境美化活動として市民協働環境美化推進事業に認定された。

水資源の不足という課題を設定し、先行実践を踏まえ、衣類のウォーターフットプリントの量が簡単にわかる自動計算器を作成した。

地球温暖化による海水温の上昇により、わかめの養殖に影響があることを知り、漁業関係者へのヒアリングや植え付け体験を行った。

SDGsの視点から、持続可能な社会の実現について、気候変動対策のために私たちができることは何かを全校生徒に呼びかけた。

二酸化炭素排出量削減の視点から、原理と排出量について、ガソリン車、ハイブリッド車、電気自動車、水素自動車を比較しまとめた。

省エネ対策を掲げる企業を訪ね、事務に従事する社員へインタビューをした。室温が作業効率に大きく影響していることがわかった。

フードロスの重要性や企業や自治体の効果的な取り組みを調べ、中学生に出張授業を行い、給食の残飯量の減少に貢献した。

不要となった衣類を回収し、金券と交換する衣料品店について、その効果による売り上げと実際のリサイクルへの投資額を調査した。

杉や檜を利用した施設に関心を寄せ、市内にあるコンクリート校舎で木材仕様の教室数を調査し、その活用用途について発表した。

マイクロプラスチック問題について大型商業施設で調査をし、分析と考察、提案について発表できた。

カーボンニュートラルを推進する企業を選び、取組内容を調べた。海外の取り組みと比較するとともに、日本政府の目標と成果をまとめた。

鉛筆からシャープペンシルに移行した時期について学年生徒にアンケート調査を実施し、鉛筆の回収・再利用の方策を提案した。

コンビニ付近の住宅の騒音測定を実施した。基準越えの理由は利用者の車や運搬車によるものと判明し、短時間の駐停車を提言した。

海洋汚染の重油を人毛で吸着して回収できることを知り、協力している理容・美容団体を調査して、回収量の経年変化を発表した。

健康・福祉

記入のポイント

社会生活を営む上で一人ひとりが健やかに生きるための多様な視点をもって、**少子・高齢化社会における福祉の仕組みなどに関連付けて記入**します。アンケートやインタビュー調査などの取り組みを通して、**生徒が自分事ととらえていく過程についても記述**があるとよいでしょう。

花粉症の種類と発症に至る身体内の反応について調査するとともに、一般的にかゆみが起きるメカニズムについて探究した。

発酵食品はなぜ美容や健康によいと言われるのか、発酵の生物的な仕組みと発酵食品の栄養価の面から調査探究し、成果をまとめた。

腸活講話に参加して、自分の腸の状態を知り、食生活や効果的な運動について学んだ。また体を冷やさない工夫を相互に話し合った。

薬物乱用と身体への影響について具体的に映像を通して知り、自分事として薬物乱用について考え、考察したことを発表した。

日々の体温・健康観察カードの回収や点検を行い、自分自身やクラスメートの健康管理の大切さを実感することができた。

生理の貧困プロジェクトでは、生理を日本社会全体で受けとめ、必要な措置や配慮を講じていくことが大切だと考えることができた。

成長痛の対策について、整形外科医と整体師にインタビューを試みた。ストレッチ法と栄養摂取によって緩和することをまとめ、発表した。

食育講演会では、朝食を食べることの大切さや、毎日の栄養バランスについて考え、食べたもので体が作られることを理解した。

オーバードーズについて考えた。薬を摂取する機会や販売の問題、家族の理解、相談窓口、更生プログラムなどを多面的にまとめた。

先天性の難病を抱えながら医師になった卒業生の講演会で、健康と仕事の両立と、専門分野の最前線の治療法について質問をした。

医療従事者への感謝応援プロジェクトに参加し、懸命に働いている医療従事者に向けての感謝応援メッセージ動画を制作した。

「薬学でできる平和貢献〜薬学分野から見て、平和とどのように向き合うべきか〜」というテーマで個人探究を行った。

「薬剤との付き合い方」というテーマで個人探究を行い、漢方と西洋の薬剤を比較し、処方の観点からその違いを考察した。

デートDV防止講話を受講し、将来のパートナーとの関係を考察する契機となった。また、意思表明の大切さを学ぶことができた。

性差医療について女性の視点から学び、長寿社会における健康維持について、若い時期からの意識と体力づくりの必要性を訴えた。

カウンセラー講話では、自身がもつ体の悩みや、自分の体を守ることや大切にすることの必要性について理解を深めることができた。

パーソナルカラー診断の自己分析を通して、自己を肯定し、日頃の発想をプラス思考に変えていくことの大切さを理解できた。

コロナから学ぶ日本の医療の課題「感染症治療による医療のひっ迫とストレスから医療従事者を救う」をテーマに、個人探究を行った。

パンデミックが世界史に与えた影響について複数の文献を当たって探究し、今後起こりうる影響と合わせて考察し、発表した。

市役所の健康づくり課に出向き、市の現状や取り組みを取材し、健康寿命について様々な文献を用い、調査した。

コロナ禍で運動不足になった地域のお年寄りに向けて、懐メロに合わせたストレッチ体操を考案し、地元の福祉協議会で発表した。

高齢者施設での体験活動では、相手の立場に立ち、気持ちに寄り添うことの大切さを理解し、利用者の状況に応じた声かけ集を作成した。

高齢者のやりたいことをどのような形で支援できるかについて、老人施設を実際に訪問して聞き取り調査を行い、案を発表した。

公園のラジオ体操の参加者に調査したところ、人との一体感を感じると回答した割合が最も高く、地域社会の要であることがわかった。

離島の医療問題を調べた。様々なデータを元に島民の健康管理について多面的に考え、自分たちなりの結論を出すことができた。

救急救命講習では、救命処置とAEDの演習を通して手順を習得した。また自助、共助の在り方をグループで討論し理解を深めた。

授業で栽培し収穫した馬鈴薯が原料となるオブラートの製造工場を見学した。また、薬用以外の活用について考察した。

赤ちゃんポストの取材の話を聞き、子育てができない女性の生活環境や、養子となった子どもの家族関係について深く考察した。

虐待を受けた子どもに関する映像記録を見て、SOSを発信する重要性と社会的な認知不足について理解を深めることができた。

貧困が子どもに与える影響について、家族の旅行体験の多寡に着目し、自分なりの意見を考え、発表することができた。

認定こども園での保育ボランティア活動で、3歳児クラスを担当し、身の回りの世話など保育士の仕事を体験することができた。

ユニバーサルデザインについて学び、学校内の施設を車椅子を利用しながら実見することで改善点を見つけることができた。

パラリンピックの持続可能なボランティアについて、どのような知識と研修が必要かを調べた。運動部の生徒に協力を得て動画にした。

車いすバスケットで使用する車椅子の変遷について調べた。転倒防止の構造を図解し、試乗して競技に参加した体験をまとめた。

障がいの程度と生活状況について調べ、日常生活における支援の方法や配慮について、自分の意見を発表することができた。

終末期医療に関する本を読み、各国の延命治療に関する考え方を調べた。その上で、日本の家族制度の特殊性に焦点を当て整理した。

部活動の試合前後の気持ちを記述した文には、競技種目による違いがあるか共起ネットワークで分析した。結果を文化祭で発表した。

子どもの睡眠時間について調べたところ、調査参加国で日本が最も短かったので、保育園の現状と、午睡を採択している国の取り組みをまとめた。

地域

記入のポイント

対象地域の人口流出や開発に関わる課題、伝統文化を継続させる取り組みなどについての探究です。その過程で、住民や行政担当者等と交流したり、地形や歴史を再現させるためのジオラマなどを制作したりするケースもあります。**地域に還元できる場合はそれにも言及**します。

過疎地域の四季の自然を撮影したドローン動画に、オリジナル音楽を合わせて編集した。区役所の観光課のモニターで紹介されている。

観光によって地域を豊かにする方策と、考えられるアイデアについて仲間で意見をまとめて発表し、地域振興課にも提言した。

地元をテーマにした探究活動で、商店街の活性化について現状と課題を班員で議論し、小中学校と連携した取り組みを提案した。

地域再発見のために「自転車巡るいいとこマップ」を作成した。桜並木や史跡、おしゃれな店などの選定経緯も区報に掲載された。

アジア中高生の教育旅行先として、アニメや日本文化に特化したコースを考案し、その紹介文が旅行会社のパンフレットに掲載された。

蕎麦打ち体験を契機に、地域における栽培の歴史や、栄養価、アレルギーなど、多方面にわたるレポートを写真と共にまとめた。

地元の商工会議所の役員にインタビューをし、工場跡地の再開発事業と地域創成の課題についてレポートをまとめた。

地域猫を保護する地元の方と共に、公園に遺棄された猫の実態調査をし、啓発冊子を作成して公民館に設置してもらった。

地元をテーマにした探究活動で、青年会議所の活性化プロジェクトに共感し班として参加、スタンプ集めなどを提案した。

人口減少社会における持続可能な経済政策を、AIやロボット等の積極的活用の観点からいくつか仮説を立てて探究を試みた。

学校周辺の神社や史跡に着目、文献調査と実際の探索をもとに手作り広報誌を作成した。役所関係者の目に留まり地域に配布された。

探究活動でフィールドワークを行い、駅周辺の駐輪の課題に気付いた。解決に向けて住民の意見や他市の例を参考に提案をまとめた。

地域活性化のために外国人労働者を受け入れることについての住民の賛否を調べ、どのような点が課題となっているか探究した。

最寄り駅から平均歩数と消費カロリーを記したマップを作成した。考案したゆるキャラが公民館の施設案内をする紙面づくりも工夫した。

住民の生活の質が向上するような持続性のある観光のあり方について、地元の特産品を活かす観点でみなに利益のある観光を考えた。

地域ボランティア団体「こども見守り隊」に話を伺い、降雪量の多い冬季における登下校の課題について多面的に考察した。

市内の商店街を探索し、活性化に向けて努力する人たちの話を聞くことで、子どもの居場所作りという独創的な課題設定を行った。

区の職員へのヒアリングを行い、区の文化振興に関する課題に対する解決策を、他自治体の実践や高校生の視点を踏まえて提言した。

新聞の地域欄に掲載されたユニークな地元企業へ「深掘りインタビュー」を試みた。その取材の内容が続編として新聞に掲載された。

小学生の地域探索に関する授業に参加して、「あったらいいな、ゆめのお店やさん」という話し合いのファシリテーターを務めた。

外国人から特に人気のある観光地である京都に焦点を当て、オーバーツーリズムにならないための提言をすることができた。

規格外で出荷できない地元野菜を調査し、生産者と協働で新たなメニューを開発した。レシピはスーパーの広告紙に掲載された。

進路・キャリア

記入のポイント

自分の性格や適性を理解した上で、多様な職業や進学先を比較・分析し、主体的に自己の将来像や進路について探究活動ができたかについて記載します。専門家の講話や身近な大人との対話を通してまとめられたポートフォリオの自己評価なども参考になります。

保護者に「どうしてその職業を選んだのか」とインタビューして対話を深める中で、自分の進路選択を考えることができた。

働く女性によるパネルディスカッションでは、働き方改革の事例を聞き、自分が思い描くキャリア形成と照合することができた。

職業適性診断の結果分析から、自分では気付かなかった職業への興味をもち、インターネットで調べてレポートにまとめた。

銀行員からお金の流れの講演を聞いた。その後、自分が目指している職業の平均給料額と、生活水準の予測を立てて話し合いをした。

希望する学部の教授の研究内容を調査することで、教授ごとの専門性の違いに気付き、学校調べの重要性に気付くことができた。

大規模会場で行われた進学相談会に参加し、それぞれの大学で何を学べるのか自分自身で理解を深めるようになった。

ハローワークの就職支援担当者から、高校生の求人状況と社会人に求められる資質能力を伺い、グループで討論して理解を深めた。

学校で開催された就職説明会に参加し、多種多様な職業に触れることで、新たな職種に興味をもつことができた。

オープンキャンパスに参加し、自分自身の将来の姿を想像することができ、日々の学習意欲を向上させることができた。

職場体験学習を通して、PDCAを繰り返し行うことによって、さらなる業務・経営改善ができることを実感することができた。

社会人枠の大学入試選抜制度を調査して、仕事でキャリアを積みながら学び直しや資格取得を目指すことができる領域をまとめた。

卒業生による座談会の後に、育児に関する企業の取り組みについて質問をした。働きやすい世の中について考えることができた。

就職か進学、どちらが自分の将来の夢に近づくか、本で調べたり、卒業生に聞いたりしながら情報を整理することができた。

経済的理由で通塾できない中学生の実態を調査した。大学推薦合格後には、NPO法人にサポーター登録をして支援する予定である。

就職担当者と話し合いを重ねた末に、自己の適性や関心に合った障がい者雇用枠のある企業を検索し、採用試験に臨むことができた。

校内で実施した分科会形式の進路講演で、経済学の模擬講義を受講し、大学での学びについて興味をもつようになった。

奨学金制度について研究した。募集時期、返還の有無、金額、条件などを細かく比較して、学びをあきらめないための紹介・発表をした。

大学の学生や職員と直に交流する機会を得て、講義の受け方とレポートの書き方や、学生生活について理解を深めることができた。

周りの仲間や大人から自分の長所を聞いて回ることで、自己肯定感が増し、より適切な進路選択ができるようになった。

生活デザイン学科で学ぶ「ロゴマーク制作」は、店舗の販売促進のみならず、学生の就職実績向上の双方に寄与していることが理解できた。

社会復帰後の自立を目的とする受刑者の刑務作業を調査した。毎年販売展があると知り、ボランティアとして関与する意思を固めた。

就職しても大学に通える企業を2年生からリサーチしていた。卒業生から直接話を聞くことで、大学の専攻分野も明確になった。

防災

記入のポイント

防災・減災に向けた行政やNPOなどの取り組みを理解したり、地域や学校での体験活動に参加したりすることに加え、教科横断による総合的な探究によって、安全に対する学びを深めることができます。**生徒がどのような視点で問題意識をもっているかに着目して記述**するとよいでしょう。

洪水や土石流、鉄砲水を防ぐ機能をもつ森林の保全について調べ、現在の日本の森林の状況と今後の見通しについて探究した。

地域を流れる河川について、過去の洪水で被害があった場所の地図を作り、浸水被害が予想される場合の避難経路を話し合うことができた。

市内の気象台を見学し、アメダスなどの気象観測装置について理解を深め、集中豪雨などによる自然災害の仕組みを学んだ。

不燃性の布が火を防ぐ仕組みについて化学的な観点から考察を進め、その素材の組み合わせと防災への応用についてまとめた。

雷が発生する原因とその物理的な特徴を調べ、雷に打たれないための方策と雷エネルギーの活用可能性について探究した。

大雪によって地域が孤立したときに、避難所になる体育館でどのようなルールがあれば安心か、レポートにまとめた。

津波がなぜ大勢の人命を奪ったのか、その物理エネルギーの大きさと危険性について調べ、また被災者の体験談をまとめ、発表した。

台風と大地震、大津波が同時に発生したと仮定し、地域住民をどのように避難させるかシミュレーションし、話し合った。

科学館の学芸員を招いて、火山の噴火の仕組みと、噴火による過去の被害や避難生活についてまとめることができた。

地震の際の液状化現象について、物理的、地学的観点からそのメカニズムを探究し、災害時の対応についても調査して発表した。

市役所の防災課を訪問し、実際に大地震による津波が発生したときに、どのような対応をするのかインタビュー調査を行った。

役場が作成したハザードマップをもとに、実際にどのような危険箇所があるか現地調査を行い、論文にまとめた。

阪神淡路大震災、東日本大震災の当時の映像を見て、いまなら、どのような減災計画を立てることができるか話し合うことができた。

大規模災害や食糧危機に対応するため話題となっている昆虫食について、実際の栄養価と昆虫食に対する人々の反応を探究した。

メタバース体験で災害時の避難所生活を疑似体験し、長期間滞在する上での課題を整理し、支援できる対策や配慮について考察した。

災害時にデマが拡散しやすい理由と、実際の災害時に流れたデマの拡散状況、対応策について聞き取り調査を含めて探究した。

「地震に強い学校を作るためにはどのような工夫が必要か」という問いに関して、耐震専門家から助言を受け成果を論文にまとめた。

学校や地域に保管されている災害対策の備蓄品の内容と量を調べ、いざというときに起こる問題点を検証し、公的機関に提言した。

地域避難所の備品を考案し、生徒用椅子の座面をくり抜いた簡易トイレと、強度とプライバシーを備えた段ボールベッドを作成し寄付した。

地震予知は実際どこまで可能なのか、最新の研究を行う大学の研究室を訪問して話を伺い、最先端の情報を得ることができた。

同じ地域の中学校の生徒会と合同で、自分たちの地域にどのような危険があるのかをまとめて、地域の方を招待して発表した。

工夫を凝らした防災用品の機能と実用性について実証的に調べ、新たな防災用品の開発に向けて自らのアイデアを公表した。

避難所の体験談を聞いた後、高校生同士で話し合い、「できますゼッケン」意思表示を書き、防災袋の中に追加する提案をした。

非常食を用いたレシピをグループごとに考案し、簡便性、旨さ、栄養面、賞味期限、単価などを点数化し、文化祭で発表した。

園児の防災に関する意識を高めるために、ゆるキャラ「ぼーさいん」のデザイン画と武器を考案し、紙芝居を発表して寄贈した。

築年数が古いのに震災で倒壊しなかった建物の特徴を調べ、建築設計上どのような工夫がされているのかを調べて共通点を発表した。

緊急地震速報音の音構成を分析した。さらに、聞いた直後に却って不安や緊張を感じるというアンケート結果との関係を考察した。

眼鏡やコンタクトレンズを使用している生徒に対して、就寝時の置き場所を調査し、深夜の震災対策を必要とする結果を報告した。

大学の留学生に祖国の防災教育についてインタビュー調査を試み、日本との比較を発表した。緊急時の対応を多言語の劇で紹介した。

被災動物の歴史を調べ、ペットの災害対策の問題点を分析した。家庭向け冊子を作成し、ペットの食品コーナーに常設してもらった。

その他

記入のポイント

各学校が設定する探究課題の範疇を超えるようなテーマであっても、ユニークな研究に結びつくことがあります。**担当教師の専門外の分野でも、生徒の着想の理由を確認し、問いの具体化をサポートしていく過程が大切**です。生徒の主体的な学びの視点から、具体的な記述に努めましょう。

名城と言われる日本の城について史料を調べてその建築手法と建築の意図を知り、築後の歴史や実際の強度について探究した。

人魚伝説における人魚の形態やルーツの違いを整理した。またアニメのキャラクターの画一的な傾向を問題提起することができた。

修学旅行中に現地高校生と地域貢献について意見交換を行い、結果をもとに作成したリーフレットは外部講評者から高い評価を得た。

コンビニが発展してきた理由とその歴史、商品の選択や陳列の工夫、人々の購買行動などを心理学的な手法を用いて探究した。

美人画の歴史から人々の好みの変遷について調べ、現代で問題意識として挙げられるルッキズムの観点からそれを批判的に探究した。

カラーリングに含まれる成分を比較・分析した。特に子どもに施術すると危険な化学物質の成分を挙げて啓蒙するレポートだった。

「ゲームのストレスはやる気を高めるか」という問いに関して、愛好家からアンケートを取るなどして研究し、その成果を発表した。

日本証券業協会が主催する株式学習ゲームを通して、経済活動について学び、資産運用について理解を深めた。

南極越冬隊や宇宙飛行士が閉鎖環境の中で心を平常に保つためにどうしているのかに興味をもち、両者比較の探究活動を行った。

性的マイノリティに関する差別に苦しむ当事者への聞き取りや、過去の裁判記録などを調べて報告書をまとめた。

昭和の流行語を生徒がどのくらい知っているか、アンケートを取って分析した。世代間の文化意識にまで考察を広げることができた。

学校や公的機関に依然として潜んでいるジェンダー意識について数十人にアンケートを取り、問題点とその解決策について論じた。

微生物が有機物や廃棄物を食べて分解する過程で発生する電子を用いた「微生物燃料電池」を、化学とSDGsの観点から探究した。

宇宙エレベーターに興味をもち、その実現のための条件や今後の見通しについて、最新研究を行っている大学に取材して調べた。

認定特定非営利活動法人の主催の起業家育成合宿に参加し、若手起業家や同年代との交流を通して、起業プランを作成した。

血液型と人の性格には科学的には何ら関係がないという学問的な常識について、実際に多くの人の協力を得て仮説検証を行った。

児童雑誌に見られるランドセルの色の歴史と、近年の傾向とを比較し、学校用品におけるジェンダーの問題を掘り下げた発表をした。

コロナ禍の育児の影響について保育士にインタビューした。適切な観察と対話によって健やかな成長が可能であることがわかった。

古典的かつ人気のアメリカンコミックに使われている英語表現と、現代社会で使用されている表現を比較してその変遷をまとめた。

教師の仕事を選んだ動機についてインタビューを行った。その結果、ロールモデルとなる恩師の存在を挙げる割合が最も高いことがわかった。

数十人から筆跡を集め、筆跡から心を判定する科学的手法を用いて、実際にそれが当てはまるのかについて聞き取り調査を行った。

「しつけであっても体罰は禁止であること」の認知度に関して生徒アンケートを実施。その結果をもとに幅広い周知方法を提案した。

所見データベースを共有しよう

生徒を表現する文章は数が多いほどよい

　ゼロから所見を生み出す労力と、文例集やデータベースを共有し、編集する労力を比べると、後者の方が圧倒的に効率が良く、心理的負担も少ないと感じています。「生徒の数だけ所見がある」という教師の熱意も大切ですが、その所見が進学や就職をも左右するという視点に立つと、読み手に「正確かつ確実に伝わる所見」である必要があります。

　この所見文例集は、生徒の性格や活動ごとに記載例を挙げており、教師の直感に寄り添いながら、所見の基礎データとして活用することができます。さらに、生徒を表現する形容詞や文章が満載です。より客観的で的確な生徒の行動様式や特徴に分類でき、そこに担任だからこそわかる特記事項を付け加え、文章や言葉を組み合わせることで、所見は担任が納得できるものに仕上っていきます。

初任時代の失敗談

　教員になりたての時期、3学期修了式のあとの余韻に浸りつつも、様々な年度末業務に追われ、指導要録の教務チェックの締切に間に合わず、関係各位に謝りながら所見を手書きしていたことを思い出します。申し訳なさと居心地の悪さ、連日徹夜の体調不良は辛かったものです。書くことが辛いというよりは、もっと生徒一人ひとりの所見に費やす時間、清書する時間を取ればよかった、もっと計画的に準備しておけばよかった、と反省ばかりしていました。

　あれから20年。いまは、電子データで提出する学校も増えています。電子データをデータベース化して共有し、キーワード検索を活用して生徒の実態に近い文例を探してそれをベースに作成し、最後のひと手間として、面談や、生徒のポートフォリオを付加することで、唯一無二の所見文が完成します。ポートフォリオも最近はデータで担任と共有することができるため、スムーズな所見作成に繋がっています。

特別活動

ホームルーム活動で活躍

記入のポイント

「ホームルームや学校における生活づくりへの参画」「日常の生活や学習への適応と自己の成長及び健康安全」「一人一人のキャリア形成と自己実現」の3つの内容があります。生徒会や学校行事と関連する内容もありますが、ここでは特にクラス内の活動に着目して記述します。

朝学習係として、毎日、欠かさず課題配布、回収などの仕事を地道にこなし、クラス全体の学力向上に貢献した。

整美委員として、教室内の美化、清掃活動に尽力し、整然としたクラスの環境整備に貢献した。

探究学習係として、クラスの探究学習活動のテーマ設定、発表の段取り、プレゼン大会の企画などよく活動した。

総務委員として、毎日のクラスボックスの確認や席替えの進行など積極的に行うことができた。

保健委員として、コロナウイルス感染症対策として休み時間には換気を行い、健康維持を促すポスターを制作し意欲的に活動した。

保健委員としてクラスの換気やトイレの石鹸の補充等を確実にやり遂げることができた。

クラス内の図書係として、学級文庫の蔵書管理、貸出・返却の記録など、丁寧で責任ある活動をした。

風紀委員として、校内掲示用ポスターを制作し、朝の挨拶運動を確実にやり遂げ、クラス内でも率先して挨拶運動をすすめた。

総務委員として円滑なクラス運営ができるよう尽力した。よりよいクラスにするため積極的に意見を出した。

総務委員として、一人ひとりが過ごしやすいクラス作りを目標に、出てきた意見をまとめ、常にリーダーシップを発揮した。

学習委員として、課題の収集の際には、クラスの課題提出率の向上のため積極的にクラスメイトに声がけなどをし、責任を果たした。

美化委員として毎日の清掃活動に積極的に取り組み、ワックスがけも率先して働き、その責任を果たした。

クラス内の問題（遅刻、掃除、係分担など）の話し合いで、解決のための具体的な行動を提案することができた。

管理委員としてチョークやごみ袋の補充などクラスの消耗品の管理を円滑に行った。

総務委員として、話し合いを円滑に進行させ、他の総務委員と協力してクラスの雰囲気作りに貢献した。

体育委員として、クラスをまとめ、リーダーシップを発揮し、クラスの生徒が主体的に授業に取り組むことに貢献した。

学習委員として教科連絡を行い、英検や漢検の連絡や、提出物の回収、配布を行った。

卒業アルバム委員として、卒業アルバム制作のための準備やクラス運営のサポートを行った。

風紀委員として、日頃から身なりを整え、積極的に挨拶運動を行い、クラス内がいつも温かい雰囲気になっている。

体育委員として、体育の授業の補佐、避難訓練の点呼や体育行事の進行に尽力した。

ICT委員として、タブレットのアップデートやアプリの調整について調査を行い、快適な学習環境を整えることに尽力した。

レクリエーション係として企画、立案、計画などを積極的に行い、当日の円滑な進行に寄与した。

日直や清掃当番など、細かな気配りと責任感をもってさりげなく行うことができている。

ホームルームの議題運営上、KJ法やバズセッションなどを提案し、他者の意見を受け入れる話合い活動を作ることができた。

座席替えの話合い時には、全員の意向を尊重して番号付きのカードやクジを素早く作成し、時間内に決定させることに寄与した。

ホームルーム運営委員として、6限終了後、帰りのホームルームを自主的に運営し、宿題や掃除当番の確認などを周知させていた。

庶務係としてHR書記や掲示物管理、クリーナー清掃等の、地味だが重要な仕事を毎日継続し、クラスに貢献することができた。

号令係として毎時間の授業の最初と最後に大きな声で挨拶の号令をかけ、清々しい雰囲気を保ち、授業規律の維持に寄与することができた。

学習係としてクラスの提出課題の回収、未提出者の確認、課題返却やクラスへの連絡といった業務に地道に努力することができた。

黒板係として教室の黒板を常に完璧にきれいな状態に保ち続け、それが授業へのクラスの士気を高める一助となっていた。

修学旅行のしおりの表紙絵を手掛け、またクラスTシャツの個性的で斬新なデザインを発案するなど、楽しい集団作りに貢献した。

ごみをさりげなく拾ったり、雑用の手伝いを自主的に申し出たりするなど、目立たないところでクラスに大きく貢献していた。

クラスの進路委員として学年の進路委員会に出席するとともに、配布される関係資料の掲示を工夫し、クラスメイトの進路意識を高めた。

風紀委員のクラス当番として駐輪場の整理と点検、規範意識の啓発活動などに積極的に取り組むことができた。

選挙管理委員として、生徒会役員選挙の投開票作業と投票率向上キャンペーンの実施、クラス内の係分担決めの司会進行を行った。

話し合い活動の司会として、多くの生徒からの意見を引き出すことと、対立した意見を調整する力をもっている。

文化祭係として、クラス企画の決定に向けてプロジェクトチームを作って意見をまとめ、クラスの賛同を得て演劇企画を成功させた。

校外行事係として、遠足と野外調査の際の班決め、行程の提案としおりの作成、当日の連絡調整と事後の文集まとめに従事した。

生徒会活動で活躍

記入のポイント

「生徒会の組織づくりと生徒会活動の計画や運営」「学校行事への協力」「ボランティア活動などの社会参画」の3つの内容があります。生徒会役員としてだけでなく、各種委員会活動も生徒会活動です。クラスを超えた学年・学校全体の中での活動に着目して記述するようにします。

生徒会長としてよくその職責を果たし、主体的、自主的、自治的な生徒会活動を促進、活発化させた。

生徒会会計として、生徒会予算の緻密な出納業務を適正に行い、学校全体の生徒会活動に貢献した。

生徒会書記として、生徒会執行委員会の会議録の作成、生徒総会議案書などの制作によく力を尽くした。

生徒会副会長として、会長を補佐し、議案書作成、台本作成、各委員会委員長への連絡調整などを、緻密に行い活躍した。

生徒会執行委員会として、中学校対象の説明会で上映するための学校活動紹介ビデオを作成し、好評を得た。

校則改正に向けて、まずは、規定通りの制服着用の徹底化キャンペーンを生徒会として実施するなど、優れた行動力を有する。

放送委員長として、従前はなかったお昼の校内放送でDJ番組を企画、運営するなど積極的に活動した。

生徒会会計として、学校祭の会計をとりまとめ、ICTを活用した会計報告を導入するなどの改善を図ることができた。

生徒会議長として、下級生も発言しやすい雰囲気作りに努めるなど、議会運営に多くの配慮が見られた。

生徒会書記として、アンケートを実施し、多くの生徒の声に耳を傾けながら、生徒会運営を行うことができた。

生徒会書記として、SNSを活用した広報活動を行い、生徒会の活動を多くの生徒に周知することができた。

生徒会文化祭実行委員長として、スタンプラリーを企画し、どのクラス展示にも多くの生徒が参加する成果を上げることができた。

生徒会体育祭実行委員長として、審判や誘導などの役割を運動部に依頼し、生徒中心の体育祭運営を実現することができた。

生徒会会計として、募金活動を企画し、ポスターの制作による周知や昇降口での募金活動に熱心に取り組んだ。

生徒会書記として、1年生ながらも積極的に生徒会活動に取り組み、来年度は副会長に立候補したいと考えている。

図書委員会の広報活動で、文学者訪問、ビブリオバトルの企画などで一般生徒へアピールする広報誌を作成した。

学校説明会において生徒代表として挨拶と説明を行い、校舎内の案内などを生徒会役員と協力して行った。

文化祭実行委員として地域住民への挨拶や協力のお願い、一般生徒へのアピールなど、生徒主体の文化祭を実現させた。

年度末に発行する生徒会誌の内容や編集方針を改革し、多数の生徒からの賞賛を得た冊子を発行した。

生徒会と地域住民の話し合いに定期的に参加し、校舎周辺の地域清掃や、地域のイベントなどで協力関係を作っている。

ボランティア委員会として、過酷な状況下にもかかわらず長期間医療に従事していた方へ、感謝の作文を募集して病院に寄贈した。

パソコン委員会と生徒会の合同主催で、地元のお年寄りを対象としたスマートフォンの便利な使い方教室を開催して相互交流を図った。

生徒会長として、部活動紹介の計画、運営を執行部と協力しながらやり遂げ、新入生の勧誘活動に大きく貢献した。

生徒会役員として、全クラス参加の「黒板アートコンテスト」を発案し、討議を積み重ね、その実現を果たすことができた。

生徒会の「お花咲かせ隊」の活動に参加し、校内の様々な場所に花を植え、水やりなどの管理を継続し、季節ごとに来校者の目を楽しませた。

生徒会活動の一環としてペットボトルのキャップ回収を呼びかけてNPO法人と連携し、学校としてSDGsの推進に寄与した。

ベルマーク運動の推進を生徒会役員としての公約に掲げ、就任後に粘り強い呼びかけにより校内で5万点を集め慈善団体に寄付した。

中学生対象に生徒会主催の学校説明会を実施し、企画作成から当日の説明や校内の案内、質疑応答まで幅広く活躍した。

生徒会役員として、学校行事ごとに生徒を代表して、簡にして要を得た挨拶と呼びかけを行い、全体の士気を高めることに成功した。

講師を招いての講演会があるごとに司会進行を務め、講演終了後には生徒会の代表の立場で学び得たことと謝辞を述べ、会を成功させた。

生徒会役員として、入学式、卒業式、文化祭、体育祭の際に受付と案内に立ち、大勢の来客や来賓に明るく対応して雰囲気をとても明るくした。

定例の中央協議会の書記係として、毎回の議事進行を補助し、わかりやすく詳細な記録を取ることで円滑な生徒会運営に尽くした。

体育館での儀式的行事の準備では、生徒会役員としてシート敷きや椅子並べ、紅白幕張りの指揮を執り、効率よく作業を取り仕切った。

広報委員として、学校紹介の動画を制作した。日常の学校生活を撮影し、生徒や教師へのインタビューを盛り込み、好評だった。

生徒会と文化祭実行委員と合同で、他校と文化祭の活動報告会をオンラインで開催した。記録映像を見て工夫を活かすヒントを得た。

保健委員として更衣室の管理を担当した。各健診会場の様子を把握し、混雑する時間帯にスムーズな利用ができるよう調整した。

保健委員として、学校に配属されているスクールカウンセラーやスクールソーシャルワーカーの方にインタビューをして新聞にした。

図書委員として、昼休みや放課後はカウンターで本の貸出や返却作業を行い、読書量調査などの広報活動も行った。

学校行事で活躍

記入のポイント

「儀式的行事」「文化的行事」「健康安全・体育的行事」「旅行・集団宿泊的行事」「勤労生産・奉仕的行事」の５つの内容があります。**学年または学校全体での活動であることに着目**します。周年行事や、国際交流、奉仕活動等、学校独自に設定している行事もあるので、その点にも留意します。

合唱祭実行委員長として、よく実行委員を統率し、全体の企画、立案、運営に優れた能力を発揮し、合唱祭を成功に導いた。

文化祭企画係として、全校のクラス演劇の企画、立案、実施全般にわたって、リーダーシップを発揮して活躍した。

修学旅行実行委員として、学年全体の見学場所別コース作成など企画、立案し尽力した。

オープンスクールでは担当教諭と連携し、中学生や保護者対応受付のボランティアを行い、スムーズな運営に尽力した。

学校紹介を兼ねた、生徒交流会のボランティアを行い、事前の打ち合わせ、当日の運営を確実に行うことができた。

文化祭実行委員長として、活動団体全体の企画、準備、運営に関して優れたリーダーシップを発揮し、文化祭を成功に導いた。

合唱祭におけるアナウンス、総合司会を放送委員として行い、落ち着いた雰囲気の中にも盛り上がる要素を取り入れるなど工夫した。

体育祭の応援団長として、計画、合同練習、本番を誠実にやり遂げ、感動の応援合戦を披露することができた。

文化祭のクラス企画長として、演劇の台本作りや稽古に立ち合い、大道具・小道具の制作など多岐にわたる仕事の統括を務めることができた。

球技大会の実行委員長として、多くの生徒が参加し、楽しめるようなルール作りをするなど、球技大会の成功に貢献した。

新入生歓迎会の実行委員として、学校紹介や部活動紹介のビデオ作成で中心的な役割を果たすことができた。

○○のHR対抗戦のクラス代表として、当日の運営を精力的に行い、クラス間の交流にも貢献することができた。

林間学校のバス内でのゲームを企画し、学年全員が移動時間も楽しい時間を過ごせるように尽力した。

文化祭で特技のピアノ演奏を披露し、日頃の練習の成果を全校生徒の前で発揮することができた。

体育祭のリレー競技での審判を務め、他の審判担当の生徒と協力しながら、公正で安全な競技運営に貢献した。

文化祭のパンフレット表紙絵の公募に応募し、活き活きとした生徒の様子が描かれた作品を制作し、見事採用された。

歓迎遠足の企画、運営、次年度の場所予約を生徒会担当の教員と協力しながら行い、歓迎する喜びを分かち合うことができた。

卒業生送別会の企画、運営を行い、卒業生の涙を見ることができ、達成感と充実感を分かち合うことができた。

交通安全教室の際に、生徒代表として自転車への体験乗車などを行ったり、地元警察からの質問に答えたりした。

薬物防止教室の際に、準備していた質問をするなど、生徒代表として会を盛り上げることに協力した。

入学式の奏楽で、日頃の練習成果を十分発揮した演奏を披露し、厳かな中にも温かみのある式典の雰囲気を醸し出した。

一日徒歩大会で、途中で具合の悪くなった生徒に付き添って伴走し、一緒に完走した。

歓迎遠足の新入生代表挨拶を行い、全校生徒の前で、先輩たちへの感謝の言葉を丁寧に伝えることができた。

新入生オリエンテーションの中で、学校案内や物品購入の補助を的確に行うことができた。

遠足の飯盒炊さんで分量計測に失敗して混乱している班のために、具材提供の声かけをし、調理のアレンジを伝授し感謝された。

体育祭の前日練習時、競技種目の集合場所で、競技の流れや諸注意をよく通る声で伝えていた。選手は集中力を保持して臨んでいた。

文化祭の一般公開日に、見学に来た特別支援学校の生徒たちが安全に車いすで移動できるよう、仲間と共に校舎内を案内した。

遠泳大会前日には、後輩に体験を伝え、当日は泳者が気持ちを切らさないよう、絶えず船から声かけをして、安全な実施に寄与した。

文化祭実行委員として、クラスだけでなく、本部の企画スタッフとして文化祭全体のテーマ設定からその運営にまで幅広く携わった。

風紀委員長を務め、体育祭や文化祭時の警備巡回計画を作成し、トラブルを未然に防ぐ活動ができた。

学校の周年行事の際に、アトラクションのダンスに取り組み、意欲的な練習とチームワークで多くの人を惹き付けた。

地域清掃の奉仕活動で、班のリーダーとして責任感の強さを発揮し、用具の準備から片付けまで率先して活動していた。

英語のスピーチコンテストでは、内容や英語力などで優れた力を発揮した。また、表現力や人を惹き付ける力にも秀でていた。

〇〇高校との国際交流イベントで、司会進行を務め、広い視野と冷静な判断、ユーモア精神で会を盛り上げた。

宿泊防災訓練では、生活係として、食事や睡眠の準備や片付けなど、目立たない中にもしっかりとした活動をしていた。

１月の百人一首大会に向けて、クラスの雰囲気を盛り上げて取り組んだ結果、学年の中でのクラス順位を大きく引き上げた。

進路行事（合格体験発表会）では、事前に自分の目指す進路についての調査研究を徹底していたため、多くの質問を発することができた。

芸術鑑賞教室の際、劇団員に対して、生徒代表としての挨拶やお礼を誠意をもって述べることができた。

第 5 章

行動の特徴

生徒個人の特質に関する行動

記入のポイント

学校内外における生徒の活動の様子や特徴、または、生徒個人として比較的優れている点について記載します。抽象的な表現と併せて、**その背景や根拠となる具体的な場面を織り込む**ことで、生徒の特質を際立たせることができます。主体的な姿勢や積極性を評価する視点が重要です。

周囲をよく観察して独自の視点で分析し、把握しようとする姿勢が見られ、豊かな個性を発揮している。

いつも職員室の前で教員を待ち、質問をしている。わからないところを残さない姿勢が、すべての教科の学力向上につながっている。

英会話が得意であり、海外からの来客があったときには通訳を自ら進んで行い、学校間の国際交流に貢献した。

似顔絵を描くのが得意である。クラスの了解を得て、日直日誌に担当生徒の顔を加筆したところ、紙面が華やぎ全体の記述量が増加した。

美術部に所属しており、得意のイラストを活かして制作したデザインは、学校パンフレットの表紙に採用され、貢献した。

家庭科の授業で保育園の園児と合流した際に、泣いている子どもに優しく声をかける等、幼児の立場に立って行動することができる。

料理が好きで、自分で弁当を作っている。友人の家庭に不幸があったときは、友人の分も用意して、一緒に昼食の時間を過ごしていた。

若者に人気のシャツの型番、製造年、ビンテージなど熟知している。デザインの変遷とサブカルチャーを併記した年表を作成した。

読書を好み、冷静に現状を分析し、忌憚ない意見を表明することができる。

休み時間には図書館に行って、数社の新聞記事を読み比べている。政経や公共の授業で、その知識を発揮する機会があった。

書道同好会及び生徒会役員として活躍した。生徒会での毎月の目標・標語の掲示を、毛筆でしたためた。

花が好きで、部活動の仲間に働きかけ、正門前の花壇の除草や種まきを行い、美しい花を咲かせ地域の人々からも喜ばれた。

文化祭までのスケジュール管理がしっかりとできており、クラスの中心として、集団をリードした。

いつも教室には一番に登校し、窓を開けて換気し、その日の授業の予習に取り組んでいる。学校生活に余裕をもって取り組んでいる。

授業中、教師の話は目を見て聞いており、気が付いたことをノートにメモしている。寡黙だが、主体的に学ぶ姿勢が確立している。

学習意欲が非常に高く、授業中は細かく教師の発言をメモしていた。サッカー部においても活躍し、文武両道を果たした。

生徒の日常を切り取って、季節感あふれる感性で俳句にしたためることができる。背面黒板の一角にクラス公認のコーナーがあった。

ホームルーム活動での多様な意見を整理して分類し、題材に応じた話し合いの方向性と合意形成の仕方などを提示することができる。

ICTの知識を活かし、学校生活の要望についてのアンケートを、生徒がスマートフォンから回答できるようにするなど学校に貢献した。

IT機器の操作が得意であり、文化祭クラス動画や、卒業アルバム制作では、得意の技術を用いて新たな試みを行った。

学校広報ボランティアを務めた。親切で、分け隔てなく人に接することができる上に、毎回の募集に快く応じている。

聴覚障害をもった方の講演会では、習得中の手話を交えて生活上の困りごとを質問をしたことがきっかけで、福祉への関心を深めた。

聴覚過敏症だが、ノイズキャンセルを使用することにより、落ち着いて学習できるようになり、学力が向上した。

感受性が豊かで繊細な面があり、周りの友人に対しても人一倍配慮した言動が見られた。

人の見ていないところでも、人の靴を揃えるなど、高い道徳心をもっている。

周囲の目を気にしがちではあるが、ゆっくり落ち着いて取り組むことで、着実に力を付けている。

生徒会選挙のときに、立候補した友人の応援演説を自ら申し出るなど、友達に対する熱い思いがある。

自らの経験を踏まえ、弱者に対して常に意識が向けられ、共感的理解に努める姿勢が見られる。

曲がったことに対して妥協することを良しとせず、ダメなことはダメだとしっかり主張することができる。

日ごろから筋トレで体幹を鍛えている。図書の廃棄処理や辞典類の移動の際には、司書教諭の指示に従って移動の手伝いに協力した。

学校生活全体及び集団の向上に寄与する行動

記入のポイント

生徒の優れている点や行動が、他の生徒の模範となったり、集団活動により
よい影響を与えたりした内容を、エピソードと共に具体的に記述します。係
や委員といった役割についての記載だけではなく、**生徒の特質や日頃の人間
関係を構築していく過程にも着目**するとよいでしょう。

生徒会役員として、校則に対する生徒アンケートを実施して、生徒の意
見をまとめ、在校生が過ごしやすい学校づくりに寄与した。

文化祭クラス出展にあたり、見送る意見が多い中、クラス委員としてリ
ーダーシップを発揮し、消極的な雰囲気を払拭して成功に導いた。

クラスに貢献しようとする姿勢は周囲から常に評価されてきた。体育祭
実行委員が欠員だったので立候補し、行事の運営に貢献した。

手先が器用で、端切れを使った巾着袋を作って友人にあげていたのが目
に留まり、文化祭の縁日に景品として制作する担当になった。

自販機の脇にある空き缶回収箱が満杯になっていると、文化祭で使用し
た段ボールを使って業者が回収するまでの置き場を設けた。

文化祭のクラス演劇に際し、劇の演出や道具の制作など全般にわたって
クラスの先頭に立って取り組んだ。

体育委員として体育の授業で先頭に立って声かけするなど、授業進行に協力し、クラスの模範となって活躍した。

地域のランニングフェスタでボランティア活動を行い、受付業務で明朗な案内を行うなど学校外の活動においても地域に貢献した。

野球部主将の経験を活かし、クラス委員としてリーダーシップを常に発揮した。クラス全体の和を重んじて発言、行動した。

穏やかで落ち着いた性格で、クラス委員として、自己主張の強い生徒達の意見をよくまとめ、クラス一体感の醸成に貢献した。

毎時間の開始と終わりに号令を発している。挨拶をそろえるために、遅れて起立する生徒がいないか、必ず全体を見渡すようにしていた。

分け隔てなく誰とでも仲良くすることができる。非常に穏やかな人柄を有する。

放送委員として、体育祭のアナウンスや文化祭の音響担当を担い、委員会の中で丁寧に後輩を指導するなど欠かせない存在であった。

パソコンで作曲することに熱中している。登校時間に穏やかな気分になれるような環境音楽を作曲し、校内で放送して好評だった。

図書委員を務め、図書館便りの発行などの活動を通して、新しく増設したライブラリーの運営に寄与した。

保健美化委員として校内や教室内での保健啓発運動に取り組み、校内美化に努めた。

友達と二人で始めたゴミ拾いの輪が全校に広がり、学校が落ち着き、生徒達の飛躍的な学力向上にも繋がった。

掃除をする時には笑顔でみなを先導し、洗って干した雑巾を翌朝忘れずに保管場所にしまうなど、他の生徒の模範となっている。

教室掃除のときは、それぞれのフロアほうきに絡みついたゴミを専用ブラシで櫛削り、次の担当者が気持ちよく使えるようにしていた。

教室内の美化活動について、始業前に清掃を行う等、みなが快適に生活できるための行動を率先して行うことができた。

たった一人で始めたゴミ拾いが、町中の人を巻き込む運動に広まったという話に感銘を受け、校内のゴミ拾いを一人で始めた。

授業で特別教室に移動して退出する際には、最終退出者として忘れ物がないか室内を点検・消灯し、省エネ対策に貢献している。

庶務係として早朝に教室を開けたり、配布物を手伝ったりと縁の下の力持ちとして、学級運営に寄与した。

パソコンのタッチタイピングが得意である。文化祭の話合い活動で出た活発な意見を瞬時に入力できたので、論点整理の一助となった。

ICT委員としてメディアリテラシー育成の推進活動に取り組んだ。また、ICT研修やマニュアル作成などに尽力した。

パソコンの操作技術が卓越している。遅れがちな生徒の相談にのって教えることができるので、クラスの生徒からの信頼が厚い。

人から言われなくても、人の手助けをすることができる。非常にバランス感覚に富んだ人格者である。

教科担当者から提出物の指示が出たとき、期限・範囲・内容・評価について質問をし、全員の生徒が聞き逃さないようにフォローした。

自分の価値基準を大切にする傾向があるが、周囲を巻き込む影響力があり、クラスの行事の牽引役として存在感を発揮した。

論理的思考力に長け、グループで自由な発想で生まれた意見を、その場に応じた思考ツールで分類・整理することができる。

行動に見られた変化

記入のポイント

一定期間の学校生活で見られる、**生徒の行動面における良い変化や、成長できたことを具体的に記述**します。**そのきっかけとなった出来事や、周囲の生徒や教師との関係性を書き添えることで、変化の前後がより明確に伝わります**。なお、指導上配慮が必要な生徒に関しては、表現の仕方に留意します。

昨年度は不登校傾向にあったが、新クラスとなって新たな友人を得て登校できるようになった。文化祭クラス委員としても活躍した。

文化祭演劇で、本人の性格とは真逆の役を演じたことで、それまでの人生観や物の見方について、自ら深く探索する機会となった。

文化祭でクラス劇の台本を一人で担当し、自信をつけた。その後、HR委員として、クラスをまとめるなど成長が見られた。

控え目であったが、文化祭委員として出展の企画・計画でリーダーシップを発揮したので、周囲から一目置かれる存在となった。

ひとりで読書していることが多かったが、図書委員と共に図書室の書籍管理を手伝う中で、他の生徒と打ち解けるようになった。

同じ中学の友人がいないので、入学当初は孤立しがちであったが、ホームルーム合宿で友人ができてから積極的に行動するようになった。

欠席が多く、本人も困っていたが、高校卒業後の目標ができてから、物事に意欲的になり、学校に登校できるようになった。

高校生になってから入部した剣道部の活動を通して、心技体を鍛錬し、日常でも規律正しい生活を心掛けている。

大会で入賞した同級生と寮生活を送り、練習や生活態度を間近に見る中で、自らの言動に変容をもたらすなど成長が見られた。

運動部の主将で、引退までは部活動中心の生活であったが、大会後はクラスの活動にも積極的に協力するようになった。

サッカー部のキャプテンとして活動する中で、教員になる目標を立てた。その結果、学習を主体的に行う等成長が顕著であった。

マネージャーの仕事の意義を学んでからは、縁の下の力持ちとして、絶えず周囲の声を聞き、積極的に部員間を動けるようになった。

様々な困難に遭っても、じっくりと向き合い、試行錯誤の末に乗り越えると、落ち着いた様子が見られるようになった。

ボランティアや高校生対象のイベントなど校外の活動に積極的に参加し、こうした経験を通して、広い視野と深い洞察力が備わった。

新クラスとなり新たな友人を得て、性格が明るくなり、社交的になった。学校行事にも能動的に参加するようになった。

推薦から一般受験に変更してから学習意欲が向上した。友人も本人の受験を応援しており、それを契機に仲間に一体感が芽生えた。

考査で上位の成績を収め、教科担任から賞賛されて以後、目の色が変わったように毎時間の授業に熱心に取り組むようになった。

総合的な探究の時間で習得した文献調査やフィールドワークなどのアカデミックスキルは、他の教科の探究学習に好循環をもたらした。

ノートのまとめや整理がうまくできずに困っていたが、放課後に書き方の指導をしたところ、コツをつかんで上達した。

グループ活動に苦手意識があったが、探究的な学習の時間で討論や発表の仕方を学び、グループ活動を積極的に行うようになった。

現状に満足できない思いを口にすることもあったが、最後の演奏会をやり切ったので、それ以降は常に前向きな姿勢を保っている。

入学当初は教師に対して距離が測れない言動があったが、学校生活になじむに従って、場に応じた言葉遣いができるようになった。

思ったことをすぐに表現する生徒だったが、受け取る側の気持ちについて考えるよう促したところ、発言を吟味するようになった。

近しい友人ができてからは、食事量も増えますます元気になり、学校生活においても前向きになった。

遠距離通学のため、勉学に意欲を見出せない時期があったが、同じ経路の友人を得て、車内で予習を競う時間を過ごすようになった。

悩みがあると保健室に行っていたが、家族に関する授業を受けてから、関連書を読み自己洞察を深め、笑顔が見られるようになった。

繊細な感覚があり、些細なことが気になる傾向が見られたが、朗らかな生徒と隣席になってからは表情が和らぎ、良い影響を受けている。

国公立大学への進学意識が強まってくると、放課後も友人と一緒に残って授業の予習復習を繰り返し行うようになった。

校則が集団生活を送る上での最低限の決まりとマナーだと理解してからは、海外生活とは異なる集団行動にも適応できるようになった。

ルーズリーフの整理に時間を要していたが、表紙の色が異なるノートに切り替えたところ、管理ができるようになった。

放課後の教室で立ち現われるものを大切に

他者との対話から気づきが生まれる

　「生徒の成長の状況にかかわる総合的な所見」を記入する際、生徒の「進歩の状況」を取り上げるよう留意することになっています。学校によっては、生徒自身に「今年度を通じて成長した点」などを記入させ、指導要録の参考にすることもあると思います。しかし、生徒が自身の言動、出来事などについて、どう感じ、考えたかを当時と現在で比較して変化に気づくことは難しいのではないでしょうか。どう成長したかを把握するためには、自分自身との対話に加え、友人や家族、教師など他者との対話によって一年の様々な出来事をとらえ直し、意味付けをする作業が必要です。

　ここでは、教師が対話の機会を作り、生徒の成長をとらえるためのアイデアを紹介します。

放課後の教室を「サードプレイス」へ

　他者との対話を活発化させるためには、自由かつ平等で、ルールに則って会話を楽しむ場、すなわち「サードプレイス」のような環境が身近にあることが望ましいです。しかし、そのような環境は学校にあるでしょうか。

　放課後の教室に着目してみましょう。放課後は日中の緊張が緩み、性別、クラス、世代などを越えて会話が展開され、授業中の生徒とは違った一面、いわば「本音」を垣間見ることができます。放課後に教室を開放し、生徒たちの様子をそっと見守りながら、時に会話に入って生徒の話を聴き、気になったことは後ほど書き留めておくようにします。そうすると生徒がどのように変化、成長したのか、ある程度把握することができます。こういった記録は、自身の担任としてのあり方を省察し、次に生かす材料ともなります。

　「放課後の教室」というサードプレイス的な役割を果たす場は、指導要録を形式的なものではなく、その記述に意味を与えてくれるための大切な存在です。

第 6 章

部活動・課外活動

運動部での活動・大会実績

記入のポイント

所属運動部名と共に、大会実績がある場合には必ず記入します。部長等、部内での役職や役割があれば記入しますが、**役職等のあるなしに関わらず、努力している点や部活動を通して成長した点、周囲への貢献についても顧問に確認し、記述**できるとよいでしょう。

男子バレーボール部ではセッターとしてチームを支えた。技術練習とともにチーム力向上のためコミュニケーションにも気を配った。

チアリーダー部で活躍した。表現力を磨くとともに、基礎体力を高めるためにトレーニングにも励み、パフォーマンスを向上させた。

ワールドカップに魅せられてサッカー部に入った。初心者で体格的にも不利だが、地道に努力する姿は周囲に好影響を与えている。

水泳は個人競技ではあるが、お互いに応援し合う雰囲気作りに率先して動き、各競技会でも「チーム〇〇」を実践している。

仲間の意欲に後押しされ、生徒会との協議の中心となってダンス同好会を立ち上げた。生徒総会では堂々と設立趣旨を述べた。

硬式テニス部では手を抜くことなく練習に取り組んだ。経験者が多い中でダブルスのメンバーに選ばれ、新人戦で初勝利した。

中学校までは地域の「剣友会」で腕を磨いた。高校入学後は剣道部で部員と共に熱心に練習し、県大会出場を果たした。

男子バスケットボール部のマネージャーとして練習や試合がスムーズに行えるよう、常に先を見通して準備していた。

陸上部では駅伝班に所属し、黙々と練習に励んだ。練習中に目標タイムを意識するとともに、体調管理にも気を遣い、記録が向上した。

野球部に所属して練習に励んだ。部員が多い中でレギュラーにはなれなかったが、試合の時には人一倍大きな声で応援した。

ソフトテニス部では、その練習方法を常に検討し、ゲームの勝敗の理由を分析して、深く思考するスポーツの在り方を模索した。

部活動では、情報を集め精査し、自校の課題を見いだし、議論して解決に向かわせる活動をリードした。

初心者として始めた弓道であったが、集中力を高め、平常心を保つことを日頃から鍛錬した結果、関東大会出場までの実力を得た。

バドミントン部では、苦しい試合展開になった時こそ声を出し、自分だけでなく仲間の士気も奮い立たせるムードを作っていた。

応援部として、応援する相手に最適となるパフォーマンスができるよう、誠意を込めた発声を意識して日々の練習に取り組んだ。

ラグビーで必要な俊敏性が阻害されない適切な体作りを意識し、食事にも気を遣いながら自分のスポーツ美学を体得した。

降雪で満足にグランドが使えない時期でも、室内で取り組める練習メニューを作り、環境を言い訳にしない前向きな姿勢を貫いた。

卓球部の団体戦メンバーとして、日々の基礎練習にも手を抜くことなく熱心に取り組み、他の部員の模範となった。

水泳部の部員として、冬に体力作りのトレーニングに取り組んだ。その結果、目標としていた県大会出場を果たすことができた。

ハンドボールは未経験で高校から始めた。根気強く練習に取り組み、3年の春大会では初めてレギュラーとして試合に出場した。

柔道部の最上級生として、初心者の後輩に柔道の基礎・基本となる技やけがを防ぐための受身を丁寧に指導した。

サッカー部で、選手として活躍する傍らで、審判活動にも熱心に取り組み、部の運営に貢献することができた。

チアリーディング部の一員として、野球部の大会の応援を炎天下の中でも全力で行い、チームの勝利に貢献することができた。

怪我で満足に練習できない中でも、マネージャーの仕事を積極的に手伝うなど、役割を自分から見つけ、動くことができた。

最後の大会までレギュラーになることはできなかったが、それでもひたむきに練習に取り組み続け、人間的にも大きく成長した。

バスケットボール部の一員として毎日ひたむきに練習する姿は、チームの士気を高め、全国大会出場の一翼を担った。

スターティングメンバーの一人として責務を果たす傍ら、後輩の面倒見が良く、プレー以外の相談にも積極的に耳を傾け助言した。

凡事徹底を自らの目標とし、誰もやりたがらないシャドーワークを率先してやっていた。最後の大会ではレギュラーを勝ち取った。

怪我が多い競技のため、自らテーピングやアイシングの技法を身に付け、部員に浸透させるなど、チームに大きく貢献した。

自らの技術を高めるだけでなく、経験者としての自覚をもって、仲間のプレーにアドバイスをするなど、チームの核として活躍した。

サッカー部に所属。地域の中学生対象のサッカー教室では、中学生に対して丁寧に技術指導を行なった。

他校との連合チームでありながら、チームメイトと協力して練習を積み重ね、上位大会への出場を果たすことができた。

女子バレーボール部に所属。練習時間を無駄にしないよう準備や片付けも率先して行った。また部員として体育祭の係でも活躍した。

初心者ではあったが、休まず練習に参加し、徐々に技術を向上させ、3年生では試合に出場することができた。

部員が減少し、県大会には合同チームで出場した。他校との合同練習では率先して声をかけるなど、チームワークの向上に貢献した。

ソフトボール部ではピッチャーで活躍した。技術練習とともに基礎トレーニングにも励み、最後まで投げ切れるよう努力した。

体操競技部では仲間と協力して動画を撮影。課題を分析し、外部指導員に助言を受けながら練習方法を工夫し、演技向上に努力した。

野球部の三番手投手で大会出場は叶わなかったが、顧問と共に3年間欠かさずに試合データの収集・分析を行い、チームの勝利に貢献した。

文化部での活動・大会実績

記入のポイント

所属文化部名と共に部内での役職や分担している役割も記入します。運動部同様、**役職等のあるなしに関わらず、努力している点や部活動を通して成長した点、周囲への貢献等も具体的に記述**します。また、大会実績のみならず、展覧会への出展、学校行事への貢献等もあれば記入します。

放送部ではアナウンス班で活躍し、出場は叶わなかったが「全国高等学校放送コンテスト」を目標に仲間と共に切磋琢磨した。

３年間放送部に所属した。放送関係機器にも精通し、学校行事や式典の際にはその力を存分に発揮、その成功に寄与した。

管弦楽部ではパーカッションを担当した。調和のとれた演奏になるよう、馴染みのなかった打楽器の練習にも熱心に取り組んだ。

学校新聞の記事に興味をもち新聞部に入部した。部員減少で存続危機にあったが、仲間と協力して新聞の意義を訴え部員を増やした。

写真部に所属、学校周辺の四季を撮り続け、毎年文化祭で発表した。折々の植物の写真は好評で、県の写真展にも出展した。

生物部でメダカの飼育を担当した。授業前に餌をやるのが日課で、水温等の環境条件と繁殖の様子をまとめ、文化祭で発表した。

星座に興味があり、天文部に入部した。文化祭では仲間と協力し、教室に手作りプラネタリウムを作成、星座講座での説明も好評だった。

合唱部に所属し、全国大会を目指して日々練習に励んだ。その目標には届かなかったが、2年生のときには支部大会への出場を果たした。

化学部では、独創性の高い実験を行い、その結果を豊かな表垷力で小論文にして発表した。

演劇部の大道具担当となり、公演時に、知識と技能を駆使して制作した舞台背景が高い評価を得た。

文芸部として、図書館にある自分のおすすめしたい本の紹介ポップを作成し、読書月間の啓発活動に尽力した。

神楽同好会として伝統芸能を継承し守っていく活動を担う中で、全国高等学校文化祭では、県を代表して舞いを披露することができた。

吹奏楽部では、イベントへの参加を通して地域との交流の機会を重視し、音楽を身近に楽しむ活動に力を入れて取り組んだ。

吹奏楽部では、トランペット奏者として演奏するだけでなく、学生指揮者としても活動し、サウンドを作り上げる大役も担った。

画力を高めるための研鑽を欠かさない努力家でもあるので、イラスト部の部誌では、常に表紙を飾るイラストを描き続けた。

ボランティア部では、校内の行事前の清掃や来客対応などの場面で活動した。地域で行われる清掃活動にも積極的に参加した。

書道部の一員として活動し、文化祭では音楽に合わせてメッセージ性のある書を披露するパフォーマンスを行い、来校者を楽しませた。

写真部での２年間の活動が実を結び、旅行社主催の「旅フォトコンテスト」で審査員特別賞を授与された。

パソコン部で磨いた知識と技能を活かし、町会と連携して小学生向けのパソコン教室を開催し、多くの関係者から賞賛を受けた。

料理部で研究を続けてきた「地域の食材を用いた創作料理」が新聞でも紹介され話題になり、町おこしに大きく貢献した。

将棋部に所属し、第〇回全国高等学校文化連盟将棋新人大会において決勝トーナメントに進出。ベスト４に進む活躍をした。

英会話部に所属し、熱心に活動した。スピーチコンテストに向けては、毎日英字新聞を読み、英作文をまとめ、音読練習を重ねた。

スピーチコンテストでは、優勝を目標に努力を重ねたが、優勝はできなかった。しかし、その過程を通して英会話力が向上した。

写真映像部員として良い映像を撮影するために遠征した。日常と異なる活動のため、事前の機材準備や技術の確認に余念がなかった。

新聞部として事実を新聞に書き連ねる練習を継続した結果、文章力が付き、論文試験がある大学に合格することができた。

コンピュータ部の一員として、プログラミング言語を独学で習得し、コンテストで賞を取るなど、校外でもその活動が評価された。

文芸部の一員として、図書の研究やその紹介にも力を入れた。Youtubeで図書紹介のチャンネルを作成するなど精力的に活動した。

古典ギター部に所属し、自身の技術の向上はもちろんのこと、後輩への指導を通じて、チーム全体の協働的な雰囲気作りに貢献した。

科学部に所属し、〇〇県高等学校文化連盟主催の理科研究発表大会に参加し、物理の研究発表部門で総合賞を授賞した。

天文部に所属し、星座や星空について研究した。また、科学館が主催する星まつりにボランティアスタッフとして参加した。

図書局に所属。高等学校文化連盟図書部主催の研修会に参加し、ポップ作りを学び、他の高校の図書局員と活発に交流した。

天文部に所属し、天体写真の撮影に積極的に取り組んだ。天文分野のフォトコンテストに応募し入賞した。

理科部に所属し、地域に流れる川の水質調査を行い、研究ポスターとしてまとめ、文化祭で発表した。

放送局に所属し、ドキュメンタリー映像を作成した。高等学校文化連盟の支部大会に応募し、努力賞を受賞した。

印象派の風景画に魅せられ、美術部に入部した。放課後は毎日のように美術室に通い、技術の向上に努めた。

小物を作るのが好きで手芸部に入部。生活に潤いを与える小物を自分でデザインして制作、友人などにプレゼントし喜ばれている。

県下でも有名な本校のオーケストラ部の一員でビオラを担当した。パート練習も休まず、演奏会等では自信と誇りをもって演奏した。

全国高等学校総合文化祭競技かるた部門において、県代表チームの一員に選出され、全国ベスト8という結果に貢献した。

リーダー・サブリーダーとして活躍

記入のポイント

各部の部長（キャプテン）、副部長のみならず、ゲームキャプテン、チームリーダー、パートリーダー等、いろいろな立場でリーダー性を発揮している生徒がいます。そのような**リーダーシップをもって活躍する場面を取り上げ、部全体への貢献について具体的に記述**します。

女子バレーボール部の部長としてチームをまとめるとともに、代表として土日の練習時間など他の部との調整にも積極的に関わった。

２年の秋からバドミントン部の部長となった。男女合計40人の部員をまとめ、限られたコートで効率よく練習できるよう工夫した。

柔道部では副部長を務めた。けが予防のため、準備運動のときから集中して練習するように、繰り返し部員たちに声をかけた。

弓道部の部長として男女部員をまとめた。初心者が多い中で、基本から効果的に練習を組み合わせ、部員のレベルアップに寄与した。

サッカー部のキャプテンとして、部員の思いを「県大会出場」という目標に凝集し、みなが集中して練習するよう働きかけを継続した。

軽音楽部の部長として、各グループの代表者との連絡調整に努めた。特に練習場所や時間の調整は困難を要したが、粘り強く努力した。

野球部副部長となり、多様な部員に対して連携プレーやチームの団結の大切さを説きながら、協調性の高い部づくりに貢献した。

テニス部のチーフマネージャーとして部員の活動をサポートするとともに、的を射たアドバイスができるため、精神的な支柱ともなっていた。

吹奏楽部の部長として、選曲や楽器の持ち替えなどを積極的に顧問に提案し、少人数ではあるが調和と魅力のある演奏を行った。

卓球部のキャプテンとして、個の力を高める効率的で確実性の高い練習を率先して行い、後輩の良き見本として責任を果たした。

バスケットボール部の部長として、チームの活力となるように、時にはユーモアを交えながら活動し、チームの信頼関係作りに貢献した。

茶道部の副部長として、顧問と部員との調整役に徹した。四季ごとの催しでは地域と連携して会を計画し、円滑な運営を可能にした。

同好会から昇格したクイズ研究部の部長として、出題傾向を分析した冊子を自主制作するなど、熱意溢れるリーダーとして活躍した。

吹奏楽部のパートリーダーとして、パート練習の指揮を執り、自らの練習だけでなく、初心者の個別指導も丁寧に行うことができた。

サッカー部のゲームキャプテンとして、ピッチ上でチームを鼓舞し、リーダーシップを発揮することができた。

文芸部の企画係のリーダーとして、学校祭でのビブリオバトルを企画し、参加者が楽しめるようなアイデアを実現することができた。

書道部副部長として、部員の悩みにも親身になって耳を傾け、部長と共に部をまとめることができた。

ラグビー部の部長として、自ら練習メニューを考え、実践し、改善をするなど、部の強化に積極的に関わることができた。

英会話部の部長として、部員の原稿を添削するなど、部内全体に目を配った。その成果がスピーチコンテスト入賞につながった。

チアリーディング部の部長として、運動部の部長や応援団長とコミュニケーションを取りながら、学校全体での応援をまとめ上げた。

野球部のチーフマネージャーとして、部員のサポートやマネージメントにおいて中心的な役割を果たすことができた。

バスケットボール部部長として、チーム全体を俯瞰してとらえ、些細な変化にも気付き、対応することができた。

野球部部長として、プレーだけに言及するのではなく、部員一人ひとりの思いにも寄り添い、精神的な支柱としても部を支えた。

サッカー部の副キャプテンとして、キャプテンの目の届かないところにも気を配るなど、陰で部を支え責務を全うした。

ハンドボール部の副部長として、練習メニューにも積極的に意見を言い、チーム全体を鼓舞するムードメーカーとなった。

陸上競技部のチームキャプテンとして、種目ごとに練習が異なる部員たちを一つのチームとしてまとめ上げた。

ハンドボール部に所属。部長としてコミュケーションを取りながら仲間と協力して練習を重ねた。部員からの人望も厚い。

吹奏楽部の部長として、選曲について部員の意見に耳を傾けるなど、部員の総意で物事を決め、部全体の一体感を高めた。

演劇部の部長として、演劇初心者ながら自身の技術を磨くとともに、部員や顧問、外部指導員とも密に連携し、その責務を果たした。

ダンス部の部長として練習環境を整え、部員の意識も向上させた。その結果、代表チームが上位大会への出場を果たすことができた。

科学部の部長として、研究計画を立て、後輩の実験指導も積極的に行った。高等学校文化連盟の地区大会で総合賞を受賞した。

理科部の副部長として部長を支え、実験技術の向上にいつも取り組んでいた。日本学生科学賞に応募し、中央予備審査に進んだ。

天文部の部長として、望遠鏡の操作技術の向上に励み、後輩にも丁寧な技術指導を行った。同級生、後輩を問わず人望がとても厚い。

放送局の局長を務め、発声練習の指導や校内放送のアナウンス原稿の作成など、リーダーシップを発揮し後輩に慕われていた。

合唱部の部長として、各パートリーダーとコミュニケーションを取り、楽譜の選定や練習計画を立てるなど、責務を果たした。

１年生ながらキャプテンとしてチームをまとめ、仲間と協力して部活動に取り組むことができた。

野球部に所属。レギュラーにはなれなかったが、応援のリーダーとして吹奏楽部と協力し、試合当日の応援を一生懸命に行った。

軽音楽部に所属し、ドラムを担当した。音楽性の違いがあったが、リーダーとして最後は一つにまとめ、学校祭でバンド演奏をした。

ボランティア活動

保育・見守り・介護系

記入のポイント

幼稚園・保育園や高齢者施設での体験からボランティアを始める生徒も多くいます。体験を通して、幼児や児童、高齢者との交流や見守りなど、ニーズに合わせた活動が生まれます。**内容はもちろん、どんな思いで始めたのか、活動を通してどんな気づきがあったのかを具体的に記述**します。

夏休みを利用して、友人と保育園のボランティアに参加した。絵本を読んだり折り紙をしたり、一緒に楽しむことが重要だとわかった。

放課後、定期的に高齢者施設でボランティアをした。車いす移動の補助が中心だったが、様々な話を聞くことができ思考の幅が広がった。

学校の呼びかけで、児童館の親子イベントのボランティアを経験した。これを機に幼児教育に興味をもつようになった。

祖母の入所をきっかけに老人福祉に関心をもち、ボランティアに参加するようになった。高校生でも協力できることがあることを知った。

老人ホームの音楽会のイベントにボランティアとして参加した。歌を歌ったり手遊びをしたりして一緒に楽しみ、会を盛り上げた。

箏曲部の有志で地域の特養ホームに出かけ、「さくらさくら」や「春の海」等を演奏し、入所者を感動させた。

職場体験をした保育園の夏祭やバザーで、来場者誘導のボランティアをした。職員の働きを間近に感じる経験を得た。

地域の敬老会と交流をもち、火の用心の注意喚起を促す巡回ボランティアに参加し、自分たちで地域を守る活動の意義を理解した。

仮設住宅に住む高齢者や障がい者を見守る社会福祉協議会の訪問活動にボランティアとして参加し、気遣いや配慮の視点を学んだ。

母校の小学校応援団ボランティアとして、花壇の手入れを行っている。子どもたちの生活と母校を見守ることに喜びを見出している。

工作好きが高じ、保育園の窓に貼るイラスト等の工作物を作ったり、画用紙で素材を切っておくボランティアを行っている。

公民館の書道教室での手伝いを通して、年長者が熱心に学ぶ姿に感銘を受けた。世代を越えた交流や学び合うことの楽しさを実感した。

家庭科の授業で保育園訪問を経験した。それがきっかけとなって、夏休みに募集があった保育のボランティアに参加した。

親が自転車にステッカーを貼り、子どもに危険がないか巡回をしている姿を見て、自分も一緒にやりたいと思い活動をサポートしている。

幼児や児童を守る注意喚起のため、警察や地域のNPO団体が行っているティッシュを配布する活動を知り、友人と参加した。

入院中の祖母の見舞に病院に行く機会が増え、他の患者とも親しくなった。学生ボランティアとして話をしたり遊んだりしている。

交通安全週間に実施された見守りボランティアに応募。交差点等で児童や高齢者の横断の補助をし、保護者や関係者から感謝された。

ウイルスの感染予防策であるフェイスシールドを作成。それが県内の幼稚園に配布され、保育の手助けとなった。

夏休みに小学校で実施された「ものづくりイベント」にボランティアとして協力した。児童を励ましながら工作の補助をした。

生徒会有志で特別養護老人ホームの「夕涼み会」のボランティアに参加し、会場設営やホールへの移動などを手伝った。

児童館の高校生ボランティアに参加している。絵本やゲーム等で楽しい時間を過ごし、親を含め三者にとって有益な活動だと気付いた。

放課後を中心に地域の居場所サロンに通っている。児童と勉強したり高齢者と交流したりしながら、多世代交流の重要性を再認識した。

祭り・イベント運営・まちづくり系

記入のポイント

最近は高校生の力を積極的に活用して地域の祭りやイベントを盛り上げたり、まちづくりを進めたりする地域も増えています。**どのような活動に参加したのか、どのように関わったのか、どんな成果があったのか、またその活動を通して本人がどのように成長したのかなどを具体的に記述**します。

地域のお祭りのスタッフに応募し、チラシやチケット作成に協力した。多くの親子連れが喜んでくれたことで、自身も喜びを得た。

〇〇マラソンの給水ポイントでボランティアを行った。走者が取りやすいように水を並べたり、通過する走者を激励したりした。

地元の「〇〇まつり」のスタッフとしてオープニングセレモニーの司会を担当した。歯切れのよい進行が好評だった。

インターハイの開会式で放送係を担当した。清々しい声が会場内に響き、爽やかな開会式になったと好評だった。

全国定時制通信制バレーボール大会のスタッフとして会場係を引き受けた。試合終了後には観客席を丁寧に見回る姿が見られた。

「おもてなし親善大使」として、海外旅行者を温かく迎え入れる活動を行った。常に笑顔で接し、親切で丁寧な対応を心掛けた。

市民フェスティバルに案内役のボランティアとして参加。予期せぬ状況にも対応できるよう、迅速かつ柔軟に対応していた。

国際交流会に通訳ボランティアとして参加。得意の英語を活かし、聞き取りやすい発音で参加者の質問に適切に答えることができた。

公民館で開催されている「日本の伝統文化」のサポーターとして、和太鼓の魅力を伝え、和太鼓の普及に貢献した。

地域のお祭りの際、商工会議所の方と一緒に考えた商品を販売するボランティアをした。地域住民とも交流を図ることができた。

町おこしの一環として実施された、県指定遺産にプロジェクションマッピングを施す企画に、ボランティアとして参加し協力した。

伝統芸能である太鼓演奏者の募集に手を挙げた。祭りで演奏する太鼓を一生懸命練習し、地域に貢献した。

家にあるものを地域のバザーイベントに寄付したことで、ボランティアへの理解が深まり、クラスの仲間にも声をかけ活動を広めた。

毎週土曜日、小学生に勉強を教えるボランティアに参加している。その活動を通して自分の成長を感じ取ることができた。

福祉協議会主催の〇〇公園のバザーにボランティアスタッフとして協力している。当日は会場の見まわり係も引き受けている。

広報を見て「市民まつり」に家庭科部の有志で出店した。牛乳パックを活用した手作りコーナーは、参加者に喜ばれた。

町会の餅つきにボランティアで参加し、配膳を担当した。終了後はスタッフと餅を食べ、地域を盛り上げる思いを聞き共感した。

広報誌で知って、駅をクリスマスイルミネーションで飾る作業に協力。創意工夫で地域の雰囲気が変わり、気分が高揚する経験をした。

天文部の仲間と共に、科学館が主催する「星まつり」にボランティアスタッフとして参加し、小中学生に星座の見方を伝えた。

「子どもたちを笑顔にする会」という市民の有志の会に友人と参加している。参加者と思いを共有し「遊び場づくり」を進めている。

市の「伝統工芸展」にボランティアで参加した。市の歴史や地域の工芸品に触れる機会にもなり、〇〇市を誇りに思うようになった。

市内の小学校が合同で行う「子ども祭り」にボランティアとして協力した。地域の方々の子どもたちを思う気持ちを知って感動した。

清掃・環境系

記入のポイント

ボランティアというと清掃活動が一番に挙がります。多くの生徒が経験している活動ですので、場所や日時だけでは特徴が見えてきません。**計画段階から協働した方々や、共に清掃をした方々との交流や地域からの反応、その活動の意義や本人の思い、活動後の生活の変容等も併せて記述**しましょう。

平和記念公園周辺の清掃活動を行い、戦火の中で苦しめられている方々に思いを寄せながら地域に貢献することができた。

桜の苗木を植樹するボランティア活動に参加して、急勾配の地滑り防止と町内の観光スポット作りの両面で町に寄与した。

〇〇資料館周辺の清掃を行った。ここが〇〇市の文化発祥の地であることを再認識し、史跡を保存する大切さを仲間と共有した。

街中や公園にある花壇の手入れや清掃など、多岐に渡りボランティア活動を行った。

地域の清掃活動では、クラスの仲間と協力して文化施設を清掃し、その意義を感じることができた。

校内のゴミの分別を徹底するため、イラスト部でボランティアを募集し、校内にある全てのゴミ箱に種類別のイラストを表示した。

ロータリークラブ主催の清掃活動に参加し、地域の方々と一緒に声を掛け合い、協力する大切さを実感することができた。

海辺の清掃活動を通して、世界中で増え続けるプラスチック海洋ごみの問題について考えを深めることができた。

住民サークルの学校周辺の花の植替作業に参加した。花壇が春めくとともに、地域の学校への思いを聞く機会にもなり、有意義だった。

入学と同時に駅周辺のゴミを拾うボランティアに参加。地元メンバーと共にビブスを付け、誇りをもって活動を継続している。

町内の資源ごみ回収を推進するイベントのポスター制作に協力した。出来上がったポスターを町会役員と共に掲示した。

県主催の森林ボランティアに応募し、専門家の指導のもとで下草刈りの作業を行った。森づくりの重要性を学ぶ機会になった。

ビオトープを復活させる活動に仲間と共に参加した。その重要性を知り、復活を目指し、今後も関わっていこうという意識をもった。

市民の森を継承させるボランティア活動に参加し、過去の史料をもとに、水源や生息した生物などを調べ、環境保全の意識を高めた。

大型イベント後の都市に赴き、ゴミ清掃のボランティアを行った。治安は街の美化によって保たれるという倫理観も深められた。

ごみ清掃車の活動を調査、一日のごみ量や処理数を知り、リサイクルやリユースなどの重要性について深く理解することができた。

町の有志が組織している清掃ボランティアに部活動仲間と共に参加。活動は週1回だが、「ゴミ0」を目指して活動を継続している。

桜まつり後のゴミ拾いに参加。「ゴミ持ち帰り」の掲示があるにもかかわらず、沢山のゴミがあり、利用者のマナーの低さに驚いた。

校内美化運動に参加して、ゴミの持ち帰りを呼びかけた。学校で出るゴミの量と種類について、全校で深く考えるきっかけとなった。

生徒会主催の「小中高合同クリーンアップ大作戦」に参加した。小学生や中学生と交流しながら、学校周辺の通学路や公園を清掃した。

市主催の「駅前夏祭り」にボランティアとして参加。炎天下にもかかわらず、ごみの分別回収に積極的に取り組み、関係者から感謝された。

災害支援系

記入のポイント

地震、台風、集中豪雨等の自然災害が発生した際に被災地を応援するため、例えば、がれきの撤去、泥出し、家財の運び出しなど様々な支援活動が行われます。**被災地の役に立ちたいという思いと共に、その活動を通して何を感じ、今後にどう活かされるのかも記述**できるとよいでしょう。

東日本大震災の復興支援のために、離れた地域からもできることを家族で相談し、NPO団体を通して支援物資を送った。

市の職員の引率のもと大学生等と被災地を訪れた。津波被害の現状を目の当たりにし、懸命に家財等の運び出しに協力した。

被災地の方とオンライン上で交流し、実際の復興経過について話し合った。防災訓練の体験活動を通して、緊急時の対応を身に付けた。

被災者の方から避難所生活の体験談を聞き、女性や社会的弱者に対する視点の必要性に気付き、これを機に自助共助の意識を高めた。

文化祭で、被災した〇〇市の被害と復興の様子を調査発表した。同時に現地の特産物を販売し、復興支援に貢献した。

被災地でがれき撤去ボランティアに参加した。復旧までには長期にわたる支援が必要だと実感し、長期休暇を利用して手伝っている。

台風被災者支援物資の仕分け・配布のボランティアに参加。被災者との
コミュニケーションを通じ、被災地の現状やニーズを理解した。

被災した地域の特産品が売れ残っているという話を聞き、文化祭で特産
品市を開き、募金も行い復興支援に貢献した。

被災地に行き、瓦礫処理などのボランティアに参加した。その様子を全
校生徒の前で発表し、災害地の実際を伝えることができた。

SNSで繋がっている被災地の方と連絡を取り、実際に困っていること等
を聞き、災害本部の方にその内容を伝えることができた。

社会福祉協議会が募集した「〇月豪雨災害ボランティア」に部活動の仲
間と共に応募し、泥出しや室内清掃を手伝った。

被災地にいる外国籍の方が、日本語のニュースがわからないということ
を聞き、現地で通訳をし貢献することができた。

被災地から避難してきた高校生に対し、知らない土地での心細さなどを
聞き取り、県内の高校の生徒会に呼びかけて交流会を企画した。

阪神淡路大震災について学習した際、学年全員でアルファ化米を調理・
試食する企画を立案・実行して防災意識を高めた。

台風直撃後に学校隣の公園にボランティアとして出向き、散乱した枝葉やゴミを園内歩道から撤去し、管理局から感謝状をもらった。

豪雨による甚大な被害を受けた県内の地域に赴き、授業で学んだ溶接技術等を活かし、被災家屋から家財等を運び出した。

停泊を余儀なくされた船舶の船員に向けて英語で激励のメッセージを送り、船員たちを勇気付けた。

県が南海トラフ地震の想定被害を公表。それを生徒にも知らせたいと思い、情報科で学んだ技術を活かしてポスターを作成し掲示した。

県下で地震被害が発生した際、顧問と相談し、女子バレーボール部有志で避難場所の市立体育館に行き、子どもたちの遊び相手をした。

探究の時間に「避難所運営」を経験したことを活かし、台風被害で県立体育館が避難所になった際には、行政職員に協力し活動した。

海外・国際支援系

記入のポイント

海外で発生した地震や火山の噴火、集中豪雨等の災害支援と共に、NPOや
NGO、企業が社会貢献活動として行っている海外の貧困支援、教育支援な
どへの協力も含まれます。**目的や支援先のみならず、世界の課題に触れるこ
とで変化した考え方や生活の仕方についても具体的に記述**します。

貧困国に小学校を作ることを目的にしたNPO法人と連携している学生
サークルに参加。活動の一つとして本やゲームを寄付した。

トルコ地震の被害状況に衝撃を受け、街頭に立ち、多くの人たちに支援
の必要性を訴えた。

シリア難民問題に興味をもち、グループで調査研究をし、発表を行った。
発表のおかげで、生徒間に支援の輪を広げたいという思いが広がった。

NPO法人が構築した海外協力団体への支援活動を通じ、タイにおける
教育や環境問題に関心をもち、その解決に向けて活動に協力した。

自然災害が発生した海外の地域への支援を、校内だけに限定せず、他の
高校とも連携することで支援の幅を広げた。

衣料品・文房具の海外寄贈ボランティアに参加した。仕分け、梱包、発
送まで一貫して行い、責任感をもって取り組んでいた。

海外から日本に来た方々が友人の輪を広げられない状況にあるのを知り、日本語で一緒に会話を楽しむボランティアに参加している。

フェアトレードに興味をもち、調べ学習の成果を校内に掲示した。その結果、フェアトレードマークへの意識が生徒間に高まった。

日本語が母語でない小学生やその保護者に対する日本語支援のボランティアを行い、円滑に日本での生活が送れるよう尽力している。

県の多文化共生ボランティア研修に参加し、ボランティア活動登録を行った。災害時に外国人支援をしたいと考えている。

タイの山岳民族の教育支援について関係者から話を聞き、文具や図書等を送る支援活動に積極的に関わってきた。

協定校がある国が被災したので、校内にボランティア組織を作り、自分たちができることを考え行動した。

NPO法人がウクライナの家族との交流会を実施した際に、心細い日々を過ごす方を励ましたいと思い、ボランティアとして参加した。

JICAのイベントに参加し、国際協力に関心をもった。〇〇市で行われたアフリカ諸国支援のチャリティーイベントに協力した。

収集・募金系

記入のポイント

被災地支援や歳末助け合い等の募金の他、例えばベルマークや古切手等の身近にある物を集めて送るなど、施設やNPOの活動資金、発展途上国の支援資金に協力する活動もあります。**送付先の活動目的と共に、何に共感して活動を始めたのか、どんな支援ができたのかも記述**したい内容です。

社会福祉協議会の共同募金に、仲間とチームを作って参加した。予想以上に協力してくれる人が多く、やりがいを感じた。

〇月に起きた〇〇地震の被災地支援のため、学校に働きかけて有志で募金活動を行った。熱心に訴え、多くの学友が協力してくれた。

全校集会で呼びかけたり校内に回収ボックスを置いたりして、着なくなった服を回収して難民キャンプに届ける活動をした。

環境保全目的の使用済みインクカートリッジの回収・再資源化に興味をもち、有志で校内に回収ボックスを設置し、メーカーに送った。

自分たちにもできる活動として、文化祭でペットボトルキャップ回収を呼びかけ、世界の子どもにワクチンを届ける活動に協力した。

フードバンクのボランティアに参加。保存状態や期限について細心の注意を払い、利用者の健康と安全に配慮した活動を心掛けた。

使用済み切手の回収を呼びかけたり、書き損じはがきを寄付する活動を通して、社会福祉についての理解を深めることができた。

英語の授業で世界の紛争・貧困を学んだ。それをきっかけに、文化祭での出店を企画し、売上をユニセフに寄付した。

市の社会福祉協議会で開催されるバザーに運営委員として携わり、日用雑貨や食料品などを募り、値付けや当日の販売にも携わった。

生徒会で「地域歳末たすけあい募金」の活動を駅前で行った。挨拶をしながら募金を呼びかけ、目標金額を達成した。

JOCSが行っている使用済み切手による国際医療協力活動に興味をもち、切手、書き損じハガキ、古本などを寄付した。

チャイルドファンドジャパンの活動に参加し、マンスリーサポーターとして途上国の子どもの支援を継続している。

〇〇地震被災者支援の募金活動を生徒会活動として行った。広報活動や募金箱の設置に尽力し、募金額も目標額を上回った。

女性を取り巻く世界の問題に目を向け、ガールズプロジェクトに特化した支援に賛同し、毎月寄付を行っている。

福祉・障がい者・高齢者系

記入のポイント

介護や見守りとは違う視点で、福祉関連施設でボランティアを行っている生徒もいます。点字や手話を活かしたり、職員の仕事のサポートをしたり、様々な活動が考えられます。**活動に参加することで多くの気づきが生まれますので、活動中の姿やその気づきが伝わるように記述**します。

授業で手話を教わり興味をもった。歌詞に合わせて手話を行うことを練習し、区の合唱祭では聴覚障がい者と共に舞台に立った。

盲学校との連携をきっかけに点字やガイドヘルパーの勉強を始めた。障がい者スポーツイベントにボランティアとして参加した。

高齢者から聞いた昔話により、地域の慣習や特色を知ることができた。それを紙芝居にして児童館の子どもたちの前で発表した。

鉄道各社のバリアフリー化について調査研究を行った。多様な人々が暮らしやすい社会の実現に向けて改善を請願した。

高齢者福祉施設の「新年を祝う会」に参加した。座っている高齢者の目線に合わせ姿勢を低くするなど、自然な立ち振る舞いを見せた。

下校途中に道に迷って困っている高齢者に出会い、道案内をしながらその方の話に耳を傾け、目的地まで付き添った。

駅の切符販売機の前で操作方法がわからず戸惑っている高齢者に声をかけ、代わりに操作してホームまで案内した。

近隣の福祉施設で行われたボッチャの支援員として参加した。競技する環境を整えたり、競技者のサポートを行った。

地元にあるリハビリセンターで行われたゴールボールのイベントに参加することで、障がい者への理解を深めることができた。

施設を訪問しての交流音楽演奏を通して、入所者の方々と合唱や手遊びをしながら、コミュニケーションを深めることができた。

生徒一人ひとりが手作りしたクリスマスカードを、高齢者施設の入所者に届け、コミュニケーションを深めることができた。

高齢者の方への傾聴電話ボランティアを行っている。話相手になることで、自らの人生経験を深めていることに気付くことができた。

地域で聴覚障がい者のための要約筆記サークル活動を行っている。手話だけでなく、筆記によるコミュニケーションを学んだ。

休日は障がいのある方との外出や余暇を過ごすボランティアを行っている。全ての人に平等な社会の在り方について考えを深めている。

フードパントリー事業と子ども食堂での配膳係としてボランティア活動をしている。地域の「食」を通した支援活動に尽力している。

運動部での経験を活かして、高齢者のフレイル予防の健康体操活動に協力した。高齢者の筋力や体力に合わせて体操を工夫した。

校内生徒へ呼びかけ、40名ほどの生徒と共に、ホームレスや生活困窮者の方を対象とした炊き出しに参加した。

指定通所介護事業所でのボランティアに参加。高齢者の方の話し相手や見守り、補助、送迎の手伝いをした。

福祉作業所に定期的にボランティアに行き、手伝いをするようになった。通所者が集中して作業する姿に毎回感動し、意義を知った。

総合的な探究の時間に、車椅子利用者対象の地域の福祉マップを作成。それを役立てるため、有志で冊子にまとめ、関係者に配布した。

弱視の方や高齢者が利用している拡大写本の重要性を知り、拡大写本のボランティアサークルに参加するようになった。

市の広報で拡大写本のボランティア募集を知った。得意のパソコンで作成に協力ができることがわかったので、応募し協力している。

第 8 章

留学・海外経験

留学経験・ホームステイ経験

記入のポイント

都道府県等が公的事業として実施しているケースのほか、企業などの斡旋業者を介して留学するケースもあります。いずれの場合も、留学先の国（市）や学校名を正確に記載します。**語学力の向上のみならず、その経験を通して学んだことや帰国後の学校生活の変化、進路等にも着目して記述**します。

県の交換留学生に合格し、１年間ドイツの〇〇高校で学んだ。同世代の高校生の積極性に触発され、帰国後は自らその経験を報告した。

１年生の３学期から１年間オーストラリアに留学した。〇〇高校での経験のみならず、多様性が当たり前の社会にも刺激を受けた。

夏休みの英国語学研修に参加し、ホームステイを経験した。語学学校の他、家庭、ショッピング等、英語漬けの４週間を過ごした。

国際関係学部への進学を目標にしており、１年次では２週間、２年次では４週間のカナダ短期留学を行い、計画的に準備した。

県の海外派遣事業で、アメリカ派遣団に選抜され１年間〇〇高校で学んだ。生徒代表を務め、交流会等ではリーダーシップを発揮した。

春休みにシンガポールで２週間のホームステイを経験した。帰国後はホストファミリーと交流を続け、視野を広げている。

交換留学で１年間カナダでホームステイを経験した。同年代の生徒との交流のみならず、家庭生活も経験でき、文化の違いを実感した。

ニュージーランドでホームステイを経験した。家庭では浴衣を着たり和食を作ったり、日本文化の価値を再認識する機会にもなった。

グローバルリーダーを目指し、〇〇県の次世代リーダー育成のプログラムに果敢に挑み、１年間の海外挑戦をやり切った。

将来は海外で仕事することを目標にしている。その一歩として、県の留学制度を用いて英国に中期留学し、会話力を高めた。

アメリカでのホームステイで、家庭や学校で心からのホスピタリティーを実感した。異国での交流が貴重な異文化体験となっている。

２週間のホームステイで様々な国からの留学生と交流し、世界への友好の気持ちが芽生えている。今後の成長の可能性を広げている。

中国への留学をやり遂げ、また第二外国語を身に付けたことで、一回りも二回りも人間としての器が大きくなった。

本校代表として３週間の海外派遣プログラムに参加をした。この経験を通して協調性などの社会性が高まり、行動も積極的になった。

海外での生活経験

記入のポイント

保護者の海外への転勤や派遣に伴って海外生活を経験した生徒もいるでしょう。留学とは異なり、家族と共に経験したことや、企業・地域社会を通して知る世界もあったはずです。**そのような体験を通して得た考え方やものの見方の変化、帰国後の変容などを記述**します。

保護者の海外赴任に伴い２年間ベルギーで生活した。様々な国から集まる人との出会いは視野を広げる機会となった。

海外帰国生徒で両親と約６年間諸外国で過ごした。現地校で学び、海外から日本を見る機会を得て、政治や経済への関心が高まった。

中学から高校１年生までを海外で過ごした。様々な人との出会いで思考や感性の多様性にも触れ、本人の人権感覚の基盤となった。

日本国籍だが中学１年生までブラジルで過ごした。日本語の修得に苦労したが、高校入学後は友人の影響で日本の歴史に興味を広げた。

保護者の仕事で中学の２年間を韓国で過ごし、Ｋポップ等に興味をもった。大学に進学して韓国文化を研究したいと希望している。

幼少期からイギリスの現地学校で過ごしていたこともあり、豊かな国際感覚と高い英語力がある。本校の国際交流を牽引してきた。

小学校卒業まで中国在住で日本語に多少の難しさを感じていたが、持ち前のハングリー精神で勉強にも部活動にも前向きに取り組んだ。

中学3年生までの6年間をチリで過ごした。現地の文化や社会制度に精通し、その知見や経験を全校生徒の前で披露した。

タイでの4年間の生活経験をもち、異文化理解や語学力を高めた。文化や生活様式の多様性を尊重する姿勢をもち続けている。

アメリカでの学校生活に加え、柔道の普及にも貢献した。異文化交流を身をもって経験し、それを将来に活かしたいと考えている。

外国での生活経験で日本に対する愛着が深まり、当たり前のありがたさに気付く機会となった。

母国以外での生活経験が、アイデンティティのメタ認識に強く役立っている。日本という国を誇りに思って日々生活している。

海外では言葉も習慣もわからない環境の中で、一生懸命努力を重ねた。その経験が、この先の苦難を乗り越える力となるはずである。

文化や習慣の異なる中で1年間生活し、自国を考えるきっかけとなった。その経験から違いを受け入れることの重要性を認識した。

ホストファミリー経験・外国人との交流

記入のポイント

ホストファミリーとして外国の生徒を受け入れたり、積極的に交流したりした生徒は、その経験を通して刺激を受け、視野を広げ、人間性を高めています。結果として**学習が意欲的になるなど、学校生活に変化をもたらすことも多い**ようです。そのような**学びや変化を具体的に記述**します。

海外留学の経験を活かし、学校の募集に応じてホストファミリーになった。留学生をサポートし、折に触れ日本の文化を紹介した。

県の交流事業で、カナダの教師2名と生徒10名が来校した。放課後は自身が所属する剣道部で見学会と交流会を企画した。

オーストラリアからの留学生がクラスにやってきたときには、得意の英語を活かし、率先して1年間サポートを続けた。

生徒会で留学生の歓迎会を企画した。ブラスバンド部や家庭科部に協力を求め、日本らしい演出で盛り上げた。司会進行を担当した。

留学生が1年間の日本での生活を終える際に「お別れパーティ」を企画した。クラスメイト全員でメッセージボードを作り、プレゼントした。

オーストラリアの学校との交流で、吹奏楽部の一員として日本の曲を演奏した。両校合同演奏を提案し、言語の壁を越えた交流となった。

タイから学校視察団が訪れた際には、得意の英会話と書道を活かして、通訳を担当するとともに、空海の臨書を披露した。

アメリカからの留学生をホストファミリーとして受け入れ、相互の文化交流を図った。その経験が語学力の向上にも繋がった。

シンガポール日本人学校から転入しており、海外からの来客時には積極的に通訳を務めるなど、校内国際交流に貢献した。

次世代リーダー育成事業で、本校代表としてアメリカ合衆国に留学した。帰国後は学校内外を問わず外国人との交流に積極的になった。

海外留学生との交流会に参加。大いに刺激を受け学問に対する意識が高まった。また、英語で発話することを恐れなくなった。

海外の高校生と２年間にわたりオンラインで交流した。学校制度の違いについて理解を深め、相手と友好的な関係を築いた。

韓国姉妹校の生徒を自宅に受け入れ、３日間交流した。心配していた言葉の壁を克服し、互いの文化や生活について深く学び合った。

市の交換留学事業でドイツに留学した。帰国後はホストファミリーとして留学生を受け入れ、ドイツ語で積極的に交流した。

指導要録を書き始めるのは年度末!?

本書のもう一つの活用法

　年度末になると、クラスの生徒が何の部活動で、どんな賞を得ていたか、普段の学校生活の中でどのような立場で活躍していたかなどを思い出しながら、時には生徒に確認しながら指導要録を書き上げていると思います。しかしながら、本書を年度当初に見ておき、「こんな文例がある」「このような情報も書いていいんだ」ということがわかっていれば、普段の生活の中で、アンテナを張り巡らすことができ、事あるごとに「あ！これは要録の所見で使えるかもしれない」と感じ取ることができると思います。

指導要録の「仕込み」は日頃から

　担任をしていたとき、40ページあるノートを用意して一人に1ページを割り振って、生徒の情報のポートフォリオを蓄積していました。そのノートには重要な案件のみならず、感動したことや、学校生活で生徒が輝いていたことをまとめていました。年度末の所見を書くときにそれを見直し、作成するという流れです（もちろんノートでなくてデジタルツールでもかまいません）。本書の文例を頭の片隅においておくと、ポートフォリオの蓄積が容易に行えると思います。

一瞬を見逃さず、担任にしか書けない所見を

　日々忙しい教員生活の中で、生徒一人ひとりを見取ることはとても難しいことかもしれません。ただ、一年間という長い目で見れば、何回か生徒が輝いているところに遭遇することでしょう。それは賞を取ったというような大きなことではなく、もしかしたら、担任しか気が付かないような些細なことかもしれません。その一瞬をどうか見逃さずに、自身の目を信じて所見に書いてあげてください。それが、世界に一つしかない指導要録にする秘訣だと思います。

資格取得・検定・趣味・特技

資格

記入のポイント

国や地方公共団体、専門高校校長会や民間事業者等が実施する資格試験に合格し認定された場合に記入します。この欄は、**当該生徒の努力の成果を記録するものであるとともに、進学・就職の際に重要な意味をもつこともありますので、正確な資格名・取得時期を記入する**よう心掛けます。

卒業後の進路を見据え、電気工事士第二種資格を取得することができた（○年○月）。

卒業後の就職に資するべく、危険物取扱者乙種資格を取得した（○年○月）。

稼業を継ぐため、高圧ガス保安協会が主催する「液化石油ガス設備士」の資格を取得した（○年○月）。

高所における工事や点検等の技能職に就くことを念頭に、必要な講習を受講し、「高所作業運転技能講習修了証」が交付された（○年○月）。

将来、製造業に携わりたいとの希望から、「アーク溶接作業者」の技能講習を受講し、資格を取得した（○年○月）。

造船業に携わることを将来の目標としていたため、「ガス溶接技能講習」を受講し、修了試験に合格した（○年○月）。

幼少時より習っている書道の腕前を更に上げ、全日本書道連盟主催書道二段に合格した（○年○月）。

剣道部に所属し、心身ともに鍛錬を怠らず、全日本剣道連盟主催剣道三段の資格を有する（○年○月）。

華道部に所属し、○○流師範の免許を取得した（○年○月）。校内正面玄関に毎週花を活けており、学校生活に彩を与えた。

見ず知らずの他者とのコミュニケーション能力に優れ、その特技を活かし、アマチュア無線技士３級の資格を取得した（○年○月）。

運送業に就くことを目指しており、将来の就職を見据えて、大型特殊自動車運転免許を取得した（○年○月）。

パティシエになることを目標としており、製菓衛生士の資格を取得した（○年○月）。

将来自分のレストランをもつことを目指し、調理師資格を取得した（○年○月）。

建設現場や道路等のインフラ整備などに携わる専門職に就くことを目標としており、在学中に「測量士補」の資格を取得した（○年○月）。

将来は経営学部に進学し、起業したいとの意向があるため、早い段階で
簿記3級の資格を取得した（○年○月）。

事務関係の仕事に就くことを目指し、マイクロソフト オフィス スペシ
ャリストの「エキスパート」の称号を取得した（○年○月）。

就職を希望する会社からの奨めで、経済産業省認定の「ITパスポート」
を取得した（○年○月）。

将来介護職に就くことを目指し、介護福祉士の資格を取得した（○年○
月）。

物流や輸送に関する仕事に従事したいとの希望から、「フォークリフト
運転技能講習」を修了した（○年○月）。

大学で研究し、将来的には医薬品の開発者になるという目標を据え、「初
級バイオ技術者認定試験」に合格した（○年○月）。

高齢社会の到来を見据え、その中で貢献できる職業を考えた結果、「遺
品整理士」の資格を取得した（○年○月）。

水泳部で鍛えた泳力を活かして、水辺の事故を防ぐ「アドバンス・サー
フ・ライフセーバー」の資格を取得した（○年○月）。

検定

記入のポイント

国や地方公共団体、専門高校校長会や民間事業者等が実施する検定試験に合格した場合に記入します。この欄もまた**進学・就職の際に重要な意味をもつことがありますので、正確な検定試験名・取得スコアを記入**します。**社会的な信用のある検定試験ならば、資格同様に積極的に記入**しましょう。

英語の学習に３年間努力し、日本語英語検定協会主催実用英語技能検定２級に合格した（○年○月）。

卒業後はカナダへの留学を計画しており、TOEFLスコア740を獲得した（○年○月）。

大学の国語専攻に進学するため、日本語検定委員会主催の日本語検定試験を受験し、準２級に合格した（○年○月）。

漢字の成立ちなどに関心があり、力試しとして受検した日本漢字能力検定協会主催日本漢字能力検定準１級に合格した（○年○月）。

国語の授業で漢文に触れ興味をもったことから、漢字文化振興協会主催の漢文検定２級（論語中級）を受験し、合格した（○年○月）。

数学に優れた力を有しており、日本数学検定協会主催実用数学技能検定２級に合格した（○年○月）。

将来、事務職を目指していることから、その実現のために実務技能検定協会主催秘書検定準1級に合格した（○年○月）。

プログラミングに関して深い知識をもち、その能力を活かし、全国商業高等学校協会主催情報処理検定2級に合格した（○年○月）。

将来、新聞記者になることを目指していることから、日経TESTにチャレンジし、大学卒業並みの高スコアをマークした。

時事問題に深い関心を有しており、ニュース時事能力検定にチャレンジした結果、2級を取得することができた（○年○月）。

美術関係の専門学校への進学を考慮し、一般社団法人美術検定協会主催の美術検定2級を取得している（○年○月）。

アパレル関係の職に就くための、スキル獲得のため、色彩検定に挑戦し、3級を取得した（○年○月）。

特技を活かし、SAJ基礎スキー検定2級に合格（○年○月）。更に上級者を目指して頑張っている。

全日本スキー連盟主催のスノーボード技能テスト2級に合格（○年○月）。体育大学への進学を希望し、スノーボード指導員を目指している。

簿記の学習に一生懸命励み、全国商業高等学校協会主催簿記実務検定2級に合格した（〇年〇月）。

将来公認会計士になることを目指して、日本商工会議所主催簿記検定2級に挑戦し、合格することができた（〇年〇月）。

将来の全国通訳案内士を目指して、歴史能力検定試験（日本史）を受験。見事に「1級日本史」に合格した（〇年〇月）。

歴史への深い勉強を継続し、難易度が大学生レベルとされるNPO法人世界遺産アカデミー主催の世界遺産検定2級に合格した（〇年〇月）。

日本地図センター・国土地理協会共催の地図地理検定「基礎」を受験して合格した（〇年〇月）。

環境問題に強い関心をもち、東京商工会議所主催のeco検定（環境社会検定試験）を受験し、合格者となった（〇年〇月）。

修学旅行で訪れた京都に深い興味をもち、京都商工会議所主催の「京都・観光文化検定試験の準1級」に合格した（〇年〇月）。

飲食店経営に関心があり、日本フードコーディネーター協会主催のフードコーディネーター資格認定試験2級に合格している（〇年〇月）。

趣味・特技で学校生活に貢献

記入のポイント

**生徒がこれまで続けてきた趣味や他の生徒がもたないような特技が、授業や
ホームルーム活動、学校行事あるいは学校の広報活動等に貢献できた場合な
どに記入**します。また、部活動の立ち上げや、ホームルームや学校全体の活
性化に繋がった場合にも記述するとよいでしょう。

地域の演劇団体に所属し、その力を活かしてクラス劇の中心的役割を果
たし、よく貢献した。

ボランティアとして地域の福祉作業所を支援するなどの活動を活かし、
校内にボランティア部を設立した。

ダンス教室に幼少時から通っており、その特技を活かしてダンス部を設
立し、学校全体の生徒活動の活性化に貢献した。

幼少時より空手を習っており、その能力を活かして、空手部を創設、地
区大会優勝に導いた。

スノーボードの全国大会での入賞が他生徒のやる気にも火をつけるきっ
かけとなり、学校の雰囲気を活力あるものに変えた。

卓越した英語力を活かして、学校で受け入れている留学生の日々の生活
を支えてくれた。

磨いてきた色彩感覚、デザイン力、構想力で制作した文化祭のポスターがネットで評判を呼び、歴代最多の来校者数となった。

SDGsのNPO団体から学んできた成果を活かし、制服の余り布から様々な商品を開発する取り組みが、家庭科の授業にも採用された。

幼少期よりお囃子を習い、文化祭でも披露。さらに地域の祭りで演奏を行なった。

ガールスカウトに所属。クラスの同級生の協力も得て、地域の清掃活動や募金活動に積極的に参加した。

幼少期よりピアノレッスンを続けており、校内の文化行事での伴奏ピアニストとして活躍した。

動画編集技術に長けており、学校紹介CMや、学校行事の動画編集を行い、学校広報活動に大きく貢献した。

幼少期よりサッカーを続けており、その特技を活かして、近所の保育園児にサッカーを教えている。

写真撮影が趣味で、行事ごとにクラスの活動風景や集合写真を撮影した。その写真を教室に掲示することでクラスの一体感を深めた。

地域の太鼓サークルに所属しており、体育祭の応援団では見事な和太鼓を打ち鳴らし、全体の士気を高めた。

地域の合唱団に所属し、ステージ経験を踏んでいる。合唱祭ではクラスだけでなく、全体合唱の指揮も務め行事を成功に導いた。

趣味のDJプレイを活かし、後夜祭ではカラオケやダンスなどの有志グループをリードし、会場の一体感を高め盛り上げた。

照明操作を特技としており、文化祭ではオープニングやフィナーレの演出に照明技術を駆使し、素晴らしいステージを作り上げた。

趣味の手芸で紅白リボン花を作り、種々の式典時にはマイクを装飾し、格調高く華やかな式典作りに寄与した。

幼少期からの音楽経験で培った技術により、合唱祭や吹奏楽部の活動で編曲を担当した。人員に応じた音楽作りに大いに貢献した。

アニメ鑑賞を通じて知り合ったアニメーターを、学校の進路講演会に招くことができた。

趣味の料理を活かしてYouTubeに料理レシピを投稿。それが評判となって文化祭の模擬店では大盛況となった。

その他、学校外での活動

記入のポイント

学校内の活動ではないが、民間団体やNPO等の主催するコンクール・大会等で入賞した場合や、部活動とは関係しない趣味・特技で優秀な成績を残したり、地域に貢献したりした場合に記入します。また、その活動や行為が社会的な評価を得た場合等にも記入することを推奨します。

「戦争の記憶を記録する」というテーマで「全国高校生マイプロジェクトアワード」に応募。地域サミットにまで進出した。

「全国高校俳句選手権大会（俳句甲子園）」に参加した5人のうちの一人で、地方大会の決勝戦進出に貢献した。

「全国高等学校クイズ選手権」の地方大会を勝ち抜き、全国大会の2回戦まで進出した。

「高校生バイオサミット」に出場し、決勝に勝ち残ることができた。

授業でSDGsを学んだことから「SDGs Quest みらい甲子園」に応募したところ、ファイナリストとなった。

「税に関する高校生の作文」に応募し、税務署長賞を受賞した。

「エコノミクス甲子園」に参加し、金融システムやお金の流れについて学び続け、全国大会に出場することができた。

「全国高等学校生徒英作文コンテスト」に応募して、優良賞を受賞した。

幼少期よりミュージカルのスクールに通っている。最近では様々なオーディションに合格して舞台に立ち、活躍の場を広げている。

授業で鍛えてきた力を発揮して、「石炭火力発電の廃止」の論題で臨んだ「全国中学・高校ディベート選手権」では見事に入賞した。

地域の吹奏楽団に所属し、市のお祭やチャリティーコンサートに参加している。社会人と共に活動することで積極性が養われた。

介護士である両親に学んだ知識・技能を活かし、独居高齢者家庭への訪問を行い、地域自治を担う活動に貢献している。

ボクシングを習っており、学校生活と両立して日々の厳しく過酷な練習をこなした。その甲斐あって、プロボクサーに合格した（〇年〇月）。

歌唱に自信があり、毎日SNSに歌唱する姿を投稿した結果、大手プロダクションから歌手としてスカウトされた。

自身のSNSに投稿していた詩が評判となり、映像作家とコラボレーションする企画を開催した。

メタバースクリエイターとしてメディアでも取り上げられる実力と技術があり、作成した空間やアイテムで収益も得ている。

eスポーツクラブに所属し、プレイヤーとしてゲーム対戦技術の修練に励み、様々な大会に出場を果たしている。

ドローン操作技術が認められ、様々なプロモーション撮影のオファーがきており、ドローンカメラマンとして活躍している。

小学生時代からテニス教室で学んできた技能を活かして、市主催の「小中学生初心者テニス教室」の開催に協力している。

父親の指導で始めたスキューバダイビングの技能が高いため、夏期には海での事故を防ぐボランティアに参加している。

バスケットボールのクラブチームに所属し、上位大会への出場を果たした。

父の影響で俳句を学び、毎年「伊藤園お〜いお茶新俳句大賞」に応募しており、今年度は文部科学大臣賞に選ばれた。

生成AIとの付き合い方

生成AIの急激な広がり

　人工知能のブレイクスルーが著しいです。2022年11月に公開された ChatGPTは、自然な会話を生成する人工知能として、わずか2か月で1億人以上が利用するようになりました。しかし、急激なテクノロジーの進化に、利便性と危険性の議論が世界的に巻き起こりました。

学校現場で、生成AIの利活用は、アリか、ナシか

　例えば、「情報工学の大学に進学する高校生の推薦文を50字で書いて」と入力すると、《情報工学への深い理解と情熱を持つ生徒。自己学習能力が高く、問題解決能力に優れています。彼の持つ才能が大学で開花することを期待します》とすぐに回答されます。こんな簡単に推薦文を作ってくれるし、文章を書くのが苦手だったから本当にラクになる、と喜ぶ教師がいるかもしれません。

　確かに、教師だからといって、文章を書くことが誰しも得意というわけではありません。ただでさえ、忙しい教師にとって1分もかからないで推薦文を作る生成AIは、非常に魅惑的なツールに映ることでしょう。しかし、生徒の「良いところ」を見つけて、その良いところを「言葉」にするのが、教師の仕事だと思います。もちろん、生成AIを使うことを否定はしません。生成された文章を、生徒と向き合ったときに感じた「言葉」で磨きあげ、いままで1時間かかっていた推薦文を書く作業が、20分に短縮できるような使い方なら、生成AIの利活用は「アリ」ではないでしょうか。

　そうして生まれた余白の時間は、生徒と向き合う時間や自己研鑽に使うことができそうです。結局のところ、生成AIはツールに過ぎず、問われるのは担任の力量だと思います。

表彰・顕彰

表彰・顕彰

記入のポイント

生徒が積み上げてきた活動や行為が、高体連・高文連、国や地方公共団体、消防署、警察署等から表彰・顕彰された場合に記入します。また、民間事業者主催のコンクールの入賞や、教育委員会・学校内で定めた表彰・顕彰も積極的に記入します。

野球部主将として、チームをまとめ、地区大会準決勝進出を果たし、高等学校体育連盟主催体育優良生徒として表彰された。

吹奏楽部員としてその優れた技能を発揮し、高等学校文化連盟主催文化優良生徒として表彰された。

マネージャーとして部活動を支え、部活動と学業の両立を継続する姿が他の生徒の範となったとして、教育委員会から表彰された。

吹奏楽部として上位大会への連続出場を果たし、教育委員会から表彰された。

部長会議長として、種々の行事における役割を各部に分配し、円滑に会や行事を運営したことから、生徒指導部長表彰を受けた。

総文祭東京大会にて、大会運営に尽力した姿が他生徒のチャレンジ精神向上に波及したことにより、教育委員会から表彰された。

転倒した人に声をかけ119番通報をし、救急車の到着まで見守るなど、救助活動に貢献したことで地元消防署から表彰された。

川に転落した児童を、「救助・救援・通報」役等の5人の連係プレーで救い出し、地元警察署より感謝状を授与された。

山岳部で学んだ応急処置や対処法の知識によって、通学路で倒れた高齢者を救助し、消防署から感謝状を授与された。

火事発生のごく初期段階においての適切、迅速な通報活動により、地元消防団から表彰された。

校内の美化活動に励み、他の生徒の環境維持に対する意識を高め、他の生徒の範となったことで教育委員会から表彰された。

SDGs実現を目指して「食品ロス削減活動」に取り組み、他の生徒の意識向上に貢献したことが教育委員会から表彰された。

地道に研究に取り組み、発表会を通して学校の探究活動を活性化させる姿が他生徒の範となったとして、教育委員会から表彰された。

林野庁主催の全国がんばる林業高校生表彰において、「地域とともに森を守る」の研究発表が、最優秀賞を受賞した。

文部科学省、筑波大学共催の全国高校生フォーラムにおいて「核廃絶カードゲームの効果」の研究が審査委員長賞を受賞した。

生徒会役員として感染症流行中でのオンライン文化祭を成功させたことが評価され、高校生新聞社賞を受賞した。

感染症の流行で様々な行事が中止となる中、新しい行事を企画し、学校全体の活力向上に貢献したことにより、教育委員会から表彰された。

伝統文化である太鼓の継承活動を行い、地域の行事で披露するなど地域の活性化に貢献したことにより、教育委員会から表彰された。

ダンスを地域の祭り等で発表するとともに、地域交流祭を企画・開催し、地域活動に貢献したことにより、教育委員会から表彰された。

地域のイベントにおけるお点前を通して、日本の伝統・文化の継承や伝達に貢献したことにより、教育委員会から表彰された。

医療従事者への聞き取りや実情把握調査を通じて、その社会貢献を讃える広報活動を展開し、県教育委員会から表彰された。

定時制高校に通いながら保育園のアシスタントを3年間担当し、市の福祉協議会から表彰状を授与された。

老人ホームで土日の介護アシスタントを務め、入居者からの推薦で福祉協議会より表彰された。

企画したボランティア演奏会が、他の生徒の意欲を喚起し、活発な奉仕活動に波及したことにより、教育委員会から表彰された。

日本動物学会の大会において、高校生ポスター賞の表彰を受けた。

書象学生展（主催：日本書道芸術協会）において、全日本書道連盟奨励賞を受賞した。

「税に関する高校生の作文」に応募し、税務署長賞を受賞した。

「いっしょに読もう！新聞コンクール」に応募し、優秀賞を受賞した。

学校見学会や説明会前には必ず自ら校内清掃を行うなど、愛校心をもって活動を行う姿があり、学期末の校長特別表彰を受けた。

資格取得に励み、危険物取扱者のすべての資格を取得したことから、学科長表彰を受けた。

国立青少年教育振興機構主催の全国高校生体験活動顕彰制度「地域探究プログラム」に参加し、全国大会に出場することができた。

職業資格の取得や技術・技能検定に合格したため、ジュニアマイスター顕彰制度に申請し、「シルバー」の称号を授与された。

ボランティア活動を地道に積み重ねることで、NPO団体からボランティア顕彰を受賞することができた。

高齢者の転倒事故に遭遇し、救急車到着まで被害者に寄り添い対応したことに謝辞が送られたため、学校特別顕彰を行った。

高校生環境小論文コンクールで全国上位に入賞し、県特別顕彰を受賞した。

植栽の水やりや、落ち葉掃除などを自らの意思で行っていたことに対し、校内美化に貢献したとして、生活指導部長顕彰を受けた。

所属しているアメリカンフットボール部が全国大会に出場し、市の体育協会から顕彰された。

SDGsに取り組む市内の企業の活動を動画にまとめたことにより、市の高校生体験活動顕彰制度で優秀賞を受賞した。

市職員と１年かけて話し合いを行い、高校生の目線で作成した防災ガイドで○○市民活動顕彰を受賞した。

通話しながらATM を操作する人に声をかけ、特殊詐欺被害の未然防止に貢献したことが地元警察署から顕彰された。

３年間の各種資格取得・検定合格によってポイントを獲得したため、工業技術顕彰制度の銀賞を与えられた。

サッカーU18の日本代表として世界大会に出場し、地域の活性化に大いに貢献したとして、市から顕彰された。

３年間、カラーガード部に所属し、大会で入賞したり、地域の催事に参加したりした功績が認められ、青少年善行顕彰が与えられた。

合唱を通して地域の高齢者と楽しく交流したことにより、地域防犯活動功労として、警察署からコーラス部に感謝状が授与された。

ハンドベルを通した文化活動が地域文化の発展に貢献したとして、地域文化賞を贈呈され、顕彰された。

被爆の実相の継承活動を行い、軍縮・核不拡散分野での活動が評価され、日本政府から「ユース非核特使」の名称を付与された。

生徒との進路面談のコツ

　進路指導とは言うけれど、進路を決めるのは、生徒自身です。教師は、ただ生徒の意思決定を支援するのであって、言うなれば「進路支援」が適切でしょう。進路面談では、将来のキャリアをどのように作っていくのか、生徒の話を丁寧に聞きながら、サポートを考えます。

年度初めの進路面談で意識する二つのポイント

　生徒との進路面談は、進学校でも進路多様校であっても「年度初めの面談」を大事にしたいです。４月はクラス替えがあって、生徒も落ち着かないし、教師も生徒とどのように関わればよいのか距離感をつかみ切れません。だから、できるだけ早くから一対一で生徒と話して、相互理解に繋げます。

　このとき、特に意識したほうが良いことが二つあります。

　一つ目は、傾聴することです。生徒が話し手で、教師は聞き手、という役割を徹底して守ることを心掛けたいものです。生徒は、なかなか自分から話しません。しかし、沈黙は、生徒が言葉を探している時間。生徒が見つけた言葉を、教師が受け止めると、生徒は「この先生なら話を聞いてもらえる」という実感をもちます。

　二つ目は、決めつけないことです。評定平均が低いとか、遅刻欠席が多いとか、前年度までの生徒の姿を否定的に指摘する言葉は、特に避けたいところです。確かに、過去から現在を通って未来に繋がります。しかし、「過去の生徒」が「未来の生徒」になるとは言えません。そこで、４月の進路面談では、過去の資料を使わないようにし、生徒を直に理解するための質問をすることが役立ちます。助言ではなく、質問を多くすることで、生徒自身の自己理解に繋がり、生徒の中にある「進路意識の種火」を、じわじわと大きくすることができるのです。

　このように、進路面談では、カウンセリングとコーチングの視点をもつことをおすすめします。

第 11 章

進路

「進路」の所見記入について

　本章「進路」の所見文例は、「進路希望」「進学後の展望」「就職希望」の
３つの項に分けて掲載されています。この３項の各文例は、指導要録・調査
書・推薦書等の作成段階で活用されることが期待されますが、これら各書類
はその目的が当然に異なるものです。そのため、この文例集でも可能なかぎ
り多様な記述の仕方になるように努めました。

　しかしながら、掲載文字数や本数には制限があるので、本文例を参考・活
用されながら記述する際には、目的に応じた記述の仕方や記述内容となるよ
う工夫をしていただければと考えます。以下には、その工夫のための「チェ
ックポイント」をいくつか掲げてみました。参考にしてください。

（1）「進路希望」について

　指導要録では、次のようなポイントを押さえつつ、生徒との面談等で得た
情報に基づいて更に内容を拡げた記述にしたいものです。

- ・「～によって○○への進路を希望するようになった」のような**契機とな
る事項**も書けているか
- ・生徒の**特長と進路希望を結びつけるような表現**で書けているか
- ・その進路に向けた**努力の過程・成果の具体例**が書けているか
- ・現段階での**進路希望や将来への思い**などが書けているか

また、特定の大学・短大・専門学校等に提出する調査書や推薦書ならば、
上記に加えて次のポイントを押さえた記述も大切な要素になってきます。

- ・「貴学（校）・貴学部（学科）」等の語を用いながら、その**建学理念や他
学にはない特色**を強調して書けているか
- ・**アドミッション（カリキュラム）・ポリシー**等を理解していること、及
びそこから何を学びたいのかが強調して書けているか

（2）「進学後の展望」について

　指導要録では、学年によって生徒の「展望」の具体性も異なるため、相応
しい文例を参考にしながらも学年を考慮した工夫を加える必要があります。

主に上級学校に提出する推薦書・調査書に「進路後の展望」を記入する際の
ポイントとしては、以下の点が挙げられます。

- 特に推薦書には「**学力の3要素**」の記載は必須。この「**3要素**」に関わる記述と進学後の学びとを関係づけて書けているか ☞ p.10参照
- 生徒本人の適性や活動やここまでの勉学が、**進学後にも必ず活かされていくこと**を強調して書けているか
- 「貴学（校）・貴学部（学科）」等の語を用いながら、入学後に学ぼうとしている具体的な**講座名**や**教育方針の特色**を強調して書けているか
- 取得を目指す資格と将来の職業とが結びついて、ほぼ明確な「展望」を打ち出すような表現で書けているか

　なお、推薦書・調査書の記載内容と生徒本人が記入する活動報告書・学修計画書の記載内容とには、整合性がなくてはなりません。推薦書・調査書の記入後には、当該生徒にこれを開示して内容の確認作業をすることが求められます。開示に関しては、管理職を含め校内での共通理解も必要です。

（3）「就職希望」について

　指導要録では、生徒との面談等で得た情報を重視しつつ、次のようなポイントを押さえて記述できると内容が深まります。

- 校内での活動や経験が**就職後にも活かされること**が書けているか
- 本人の意欲や課題意識が**希望する職種につながっている**ことや、**就職後にも活かされること**が書けているか

　就職希望先に提出する調査書や履歴書の「推薦事由」・「志望の動機」の欄の記入にあたっては、次のようなポイントを押さえることが必須です。

- **性格・能力**等がその職種と合っていることが書かれているか
- その職種を**希望するに至った理由**、及びその**仕事内容に対する意欲**についての具体的な事実が書かれているか
- **取得資格**がその職種に活かせることが書かれているか

進路希望

記入のポイント

どのような大学・専門学校等へ進学を希望しているか、どのような学部・専科に進もうとしているのかなどを可能なかぎり具体的に記述します。また、進学希望先が明確ならば、**その大学・専門学校等の特色と生徒の知識・技能がマッチしていることや、その意欲の高さ等も記述**しましょう。

優れた語学力を活かし、更に磨きをかけるため外国語学部への進学を目指して、日々努力を積み重ねている。

入学時から医学の道を志しており、全科目にわたって満遍なく地道な努力を重ね、進路実現のために邁進している。

海の生物への関心が高く、実習が充実している海洋学部の大学に進学したいと考えている。

ドキュメンタリー番組を視聴し、創薬の仕事に関心をもったことから、研究領域に強い薬学部をもつ大学への進学を希望している。

演劇部の活動を通して、舞台芸術を更に学びたいと強く感じるようになり、芸術学部への進学を希望している。

授業で模擬裁判を経験し、弱い立場の人に寄り添うような弁護士を目指すようになった。現在、法学部への進学を希望している。

家業の林業を、持続可能で安定的な産業にしていくにはどうすればよい
か考えるようになり、経営学部への進学を希望している。

農業の後継者として、効率的で大規模な農業経営に強く関心をもつよう
になった。現在、農学部への進学を希望している。

社会正義実現のため検察官になることを志しており、司法試験合格実績
に優れた大学の法学部受験を目指してよく努力している。

数学や物理など理系科目への関心が高く、自らの興味・関心をより深め
られる大学の学部・学科の情報収集を幅広く行うことができた。

国際文化学部英語学科教授による講演を聞き、今の社会における英語の
必要性と、CAになるための必要な学びを知ることができた。

美術部入部をきっかけに絵が得意な分野であることを知り、将来の進路
選択にも絵やデザイン関係を考えるようになった。

美容師になるという幼い頃からの夢の実現のために、美容関係の専門学
校のオープンキャンパスに積極的に参加した。

高等学校文化連盟写真専門部の支部大会で、優秀賞を受賞したことから、
写真を専門的に学べる芸術学部への進学を希望している。

インターネットセキュリティに関心があり、人工知能や情報技術を深く学ぶことができる工学部への進学を考えている。

模試や小論文に積極的に取り組み、時事問題や経済の仕組みについて新聞の切り抜きを続け、経済学部への進学意欲を高めた。

具体的な進学先は決まっていないが、人を助ける仕事に就きたいと考え、医療系や福祉系の大学を考えるようになった。

ノーベル賞を受賞した科学者の講演を直接聞いたことがきっかけで、材料科学系の大学進学を考えるようになった。

全国大会を目指してトレーニングをしている中、食事の重要性に気付き、スポーツ栄養学を深く学びたいと考えるようになった。

探究活動で地域の風力発電について調べたことがきっかけになり、効率的な再生可能エネルギーの研究職に就きたいと希望している。

将来は、母国に帰国して日本語教師になる夢をもっているので、日本語をより深く学ぶために日本語学科への進学を考えている。

アナウンサーと直接対談し、その番組制作への思いに触れて、情報メディア学科への進学とアナウンサーになる決意を固めた。

外国の文化に興味があり、異文化理解を将来の進路に向けて深めること
を目標とし、情報収集を熱心に行っている。

進路講演会に参加し、これから社会に出て大切にするものは何であるか
を知り、大学進学意欲を高めた。

進学希望の大学・学部を明確にすることができ、総合型選抜での小論文
対策の勉強に熱心に取り組んでいる。

進学の意志はあるものの、どの学部に進むか悩んでいたが、大学合同説
明会に参加し、自らの進路希望と向き合うことができた。

サッカー部で怪我をした際のリハビリ経験から、理学療法士になること
を決意し、進路希望を明確にすることができた。

年齢の離れた弟妹の面倒をよく見ていたことがきっかけで、子どもの成
長に関わる幼稚園教諭か保育士を目指すようになった。

祖父の代から続く、ホタテ漁の漁師として働くために、漁業研修所への
進学を希望している。

大規模酪農業の後継者として、確かな技能と知識を得たいと考え、農業
大学校への進学を強く希望している。

経済的に自立でき、災害や紛争で負傷した人を助けたい気持ちから、防衛医科大学校への進学を目指している。

入院したときにお世話になった看護師の影響から、看護師になりたいと思うようになり、高等看護学院への進学を希望している。

手に職を付けたいと考え、経済的負担が少ない高等技術専門学院への進学を希望している。

オープンキャンパスで体験したことがきっかけで、言語聴覚士の資格が取れる専門学校の進学を希望している。

テレビ番組や動画配信サービスに強い関心があり、映像制作を専門的に学ぶことができる専門学校への進学を希望している。

自分を表現することが好きで、声優として職に就きたいと考えている。発声や表現を学べる専門学校への進学を希望している。

幼い頃からバスケットボールを続け、将来はBリーグでプロとして活躍したいと考えており、セレクションを受けるつもりである。

ファッションに強い関心をもっており、服飾に関して専門的に学べる専門職大学や専門学校への進路希望をもっている。

スポーツ自体とスポーツライフの両者をマネジメントできる知識と技術を学べる、貴学への入学を切望している。

「独立自尊と実学の精神」を重んじて、患者中心の医療を目指すという理念に強く共感し、貴学医学部への進学を希望する。

不断の「読書・体験・反省」を実践し、「思索」する人間を育成する教育方針に共鳴し理解し、貴学への入学を強く希望する。

キリスト教ヒューマニズムを基盤にした人材育成を掲げる、貴学で学んでいくことを強く希望している。

「転換・導入科目」で学修の基盤を身につけさせてくれるカリキュラム・ポリシーに魅力を感じ、貴学への進学を決めた。

数少ない観光学部を有する貴学に入学し、観光に重点を置いた地域活性化の方途を学びたいと考えている。

将来のパティシエを夢みて、高度な実習があり、毎年の卒業作品のレベルが高い貴校への進学を希望している。

航空工学への憧れが強く、「実験施設の充実」を謳う貴学への進学希望を叶えるため、３年間の学習に努力してきた。

進学後の展望

記入のポイント

進学後にどのような勉学に励もうとしているのか、取得を目指す資格は何か、それらを活かして就きたい職業や進みたい方向は何か等を可能なかぎり具体的に記述します。特に、調査書・推薦書の記入にあたっては、当該生徒との面談でしっかり確認し、明確にしておく必要があります。

教育学部で教育学を修めるとともに、実践的な教育に関する実務を学び、教員志望の夢を実現するという展望を抱いている。

国家公務員総合職を目指しており、大学で法学、経済学、行政学など幅広く学問を身に付けるという展望を有している。

将来は、法曹三者の道を目指しており、大学入学後も学問に励み、法科大学院への進学を実現するという展望をもっている。

研究者になるために、大学院への進学をも見据えて大学選びをしており、進学後の展望をしっかりと有している。

自主的にプログラミング言語を学ぶなど、情報学への関心が高く、大学入学後にも更に深い学びに繋げたいとの希望がある。

大学で健康維持に関するトレーニング法を学び、フィットネスクラブで利用者の体力に応じた支援を行いたいと考えている。

自宅で祖母の介護を手伝う中で、福祉の仕事に興味をもち、大学で介護福祉士の資格取得のために勉学に励みたいと考えている。

幼少期からピアノのレッスンを継続して受けており、芸術大学に入学し、より専門的な知識や技能を身に付けたいと考えている。

栄養学の研究を深め、企業向けの巡回移動検診車に帯同し、受診者の健康相談と食事改善の啓発活動を行いたいと考えている。

宇宙開発に強い関心があるため、宇宙工学を学び、将来はJAXAの職員を目指している。

祖父母の入院生活を見守る中で、高齢者の健康を考えるようになり、医学部を卒業後、地域医療に従事する医師を目指している。

社会学部に入学し、町おこしや官民連携について学び、それらを活かし、地元に戻って町役場で働くことを目標にしている。

紛争地域で困っている患者を救いたいという気持ちから、医学部で医療を学び、NGO組織で働きたいと考えている。

中学生の頃から合唱を続けており、芸術学部を卒業後、プロのソリストとして世界の舞台に立つことを目標にしている。

臨床心理士となり、心のケアをしたいと考えており、臨床心理士受験資格のある大学院を目標に日々勉強している。

国際学部英語学科教授による講演を聞き、英語の必要性とCAになるための必要な学びを知り、その覚悟を強めた。

国家管理栄養士を目指し、食育について科学的な探究を深めて、同時に栄養教諭の免許取得も考えている。

歳の離れた弟の誕生がきっかけで、看護学部に進学し、妊婦を支える助産師を目指している。

動物に関わる仕事に就くことを希望しており、専門学校でペットトリマーに関する知識や技術を身に付けたいと考えている。

料理が得意であるという長所を活かせるよう、調理師資格を取得できる専門学校へ進学し、調理師として活躍したいと考えている。

歯科衛生士になるために、専門学校への進学を希望している。進学後は歯科助手のアルバイトをして経験を積みたいと考えている。

ダンス部で身体能力の向上に関する実践をしてきたことから、子ども向けのスポーツクラブで体を動かすことの楽しさを教えたい。

簿記の授業がきっかけで公認会計士を目指し始め、専門学校へ進学しながら、必要な知識を蓄えようとしている。

エコカーやハイブリッドなど高度化する自動車に関心があり、専門学校にて自動車整備士の1級取得を目指している。

医療系専門学校に入学し、リハビリテーションに関する知識と技術を学びながら、職業選択をしていこうと考えている。

大切にしている地域の平和と安全を守るために、防衛大学校に進学し、将来、士官として国防を担いたいと考えている。

助産師として社会に貢献することを真剣に考え、部活動と勉強の両立を熱心に行い、級友とのコミュニケーションも大切にしてきた。

図書館の運営補助を的確にこなすことを継続してきており、司書資格取得後は学校図書館で勤務することを希望している。

日々の授業と部活動の両立を熱心に行い、マネジメント力を高めながら、ウェディングプランナーの職に就きたいと考えている。

漁業研修所へ進学したあと、船舶免許取得など、家業の漁業を継ぐために必要な技能を身に付けようとしている。

酪農業の後継者なので、経営学部で酪農経営について学び、地域の酪農を持続可能で、安定的に発展させることを目指している。

楽曲制作者を目指しているため、技術だけでなく表現者としての感性を高めるため、様々な身体表現の機会を得たいと考えている。

海外留学への関心が高く、全学生を対象に海外留学プログラムを実施している貴学への進学を希望している。

全人教育の理念のもとに科目構成された貴学部での学びを通して、魅力ある小学校教員になることを目指している。

貴学部の人材育成の目的である「人々と社会のため看護医療の先導者になる」ことを目指し、ここまで努力を積み重ねてきた。

インターンシップやボランティアの豊富な機会を設定する貴学で、汎用的能力及び専門知識を得て世界に雄飛することを目指している。

商品開発研究の最先端を行く貴学のマーケティング論を学び、将来のコンビニ業界を改革する存在になりたいと考えている。

貴学にて中小企業診断士の資格を取得し、コンサルタント業務に従事したいと考えている。

就職希望

記入のポイント

就職を希望する生徒がどのような仕事を望んでいるのかを丁寧に聴き取り、その適性や将来性があること等を積極的に記述します。すでに希望就職先が明確ならば、**その仕事内容への深い理解があることや、具体的な資格取得に挑戦していることなども記入**しておきましょう。

珠算・簿記に優れた能力を有することから、事務職を希望している。

人当たりがよく、朗らかな性格であるゆえに、接客、販売業務などを希望している。

人との会話や食べることが好きで、臨機応変な判断やアイディアを生み出す能力も高いので、飲食店での仕事には高い適性がある。

タイピングレベルが高く、明朗活発で思いやりがあり、ホテル業界への就職を希望している。

地元就職を目指し、企業体験や情報収集を積極的に行い、日々の学業や学校行事にも誠実に取り組んでいる。

事務処理能力、計算能力などに優れ、事務職での就職を志望し、よく努力を続けている。

部活動で培った体力・責任感・集中力などがあり、安全運転と確実な仕事を遂行することが求められる運送業には最適の人物である。

製造業に求められる根気のよさやものづくりへの強い関心、そして作業を正確に進められる真面目さを備えている。

自然な雰囲気で自分から話しかけたり、相手の話を注意深く聴くこともできるため、対面販売を基本とする貴店への就職を希望する。

鋳造の実習を通してさまざまなプレートやモニュメントに深く関心をもち、自主製作にも取り組んだ。商品開発にも意欲的である。

幼少期から家業の地魚を捌く手伝いをしていた。素早い処理加工と持ち前の集中力があるので、工場での仕事に適応できると考える。

向上心が高く、陸上部の経験から、整形外科で治療する患者のために、機能的で健康に寄与するオーダー靴の製作を希望している。

観光地のホテルに住込みの就職を希望。２級ボイラー技士の資格を取得しているので、接客のみならず施設管理も対応できる。

トリリンガルを活かし、外国人向けの観光ガイドを希望している。探究では地元の地名や歴史研究を英語で発表した。

父の仕事の関係で転居が多かったため、住宅の間取りに関心が強い。近隣の賃貸物件の案内を見て相場を研究している。

部活動ではベンチプレスで身体能力を向上させていた。自動車の免許を取得予定で、大型荷物の配送業務に強い意欲を示している。

３年間皆勤。下校時でもすがすがしい笑顔で挨拶をすることができる。深夜バスの待機場所での受付業務に適う人材として推薦する。

自宅の片付けや整理整頓を習慣にしている。清掃業に強く関心があり、丁寧な仕事をすることが期待できる。

３年間柔道部に所属し、インターハイに出場している。身体能力の高さと、礼儀正しく正義感が強いため、警察官の適性が高い。

バレーボール部主将としてリーダーシップを発揮した。忍耐強さとコミュニケーション能力の高さを活かし、総合職を希望している。

生まれ育った地元に残り、町の主要産業である漁業を支える漁業組合への就職を希望している。

３年間、バスケットボール部に所属し、日々のトレーニングに励んだ。その体力を活かして、自衛官候補生の採用を目指している。

幼い頃から、パイロットになりたいという夢をもっていて、航空自衛隊の入隊を強く希望している。

インターンシップを通してコミュニケーション能力と接客マナーを学んできたため、その力が活かせる紳士服の営業職に適している。

家業の飲食店を手伝いながら調理師免許を取得。将来的には海外に出店する飲食店での勤務を希望している。

プログラミング言語を学ぶなど、専門性も高く意欲もあるため、IT業界での活躍が期待できる。

クラスや行事で場を盛り上げる人物であったため、将来は地域を盛り上げたいということから「地域おこし協力隊」を志望している。

生まれ育った地元を活性化したい気持ちから、町役場の採用を目指し、市町村会の公務員試験の合格を目指している。

インターンシップで、市役所の広報業務を経験したことから、市役所での勤務を目指して、公務員試験の準備をしている。

地域の過疎化について課題意識をもっていて、住民サービスの向上を図りたい気持ちから、市役所の勤務を目指している。

将来、税理士になることも視野に入れて、国家公務員の税務職員採用試験の合格を目指している。

税関職員になることを切望し、過去問題演習や面接練習のため進路室に足繁く通った。

国家公務員について探究する中で皇宮護衛官になることが自身の適性と理解し、過去問題演習に熱心に取り組んだ。

吹奏楽部の経験を活かして、音楽を通して地域への貢献を目指し、警察音楽隊の入隊を熱望している。

飾りつけやフラワーアレンジメントに興味がある。人の役に立つ仕事に就きたいとの思いから、葬儀社での就職を希望している。

簿記の学習に力を入れ、検定にも合格している。将来は公認会計士を目指すなど、向上心がとても高く、努力家である。

母が介護の仕事をしている姿に憧れ、入学時から介護職に就くことを目指している。現在もアルバイトで介護の職に関わっている。

部活動の部長に推薦されるなど、人望もあり、人あたりもよい。もともと車が好きなこともあり、車の知識は人並み外れている。

外国籍の生徒であるが、流暢な日本語でN1にも合格している。語学を活かした仕事を希望している。

具体的になりたい職業がまだ見つかっていないが、求人票から勤務条件を比較し、どのような仕事に適性があるか考えた。

インターンシップで行った介護福祉施設での体験から、地元の特別養護老人ホームの就職を希望している。

３年間野球部に所属した。培った体力とチームワークを活かして、地元の消防組合に採用されるように公務員試験の勉強をしている。

生まれ育った町の経済をさらに発展させたい、という気持ちから、地元の総合商社への就職を強く希望している。

温和な性格で、丁寧に事務作業をこなすことができる。医療事務としての適性が高く、貴医院での活躍が期待される。

自動車やバイクなどの乗り物が大好きであり、整備工場への就職を希望し、積極的にインターンシップに参加した。

コミュニケーション能力が高く、また瞬時に状況判断する力があるため、臨機応変な対応が求められる接客業に適している。

第 **12** 章

その他

欠席がちな生徒

記入のポイント

１〜11章の内容以外にも生徒の成長が見られる活動や配慮事項がある場合も
あります。また**引き継いだほうがよいと思われる状況があれば指導要録等に
記載**します。**欠席しがちな生徒の場合は、その背景やメンタル面での配慮等
に加え、努力した点についても具体的に記述**しておきましょう。

病状が改善したので病弱特別支援学校から入学した。自身の体調をみな
がら３年間無理をせず、授業や行事を楽しむことができた。

中学校では母の看病をしながら学校に通った。高校入学後は市の援助も
受け、できる限り授業への出席を優先して勉学を続けた。

起立性調節障害のため、中学校では不登校を経験した。高校ではⅡ部
（午後部）に在籍し、生活時間帯を工夫して勉学に励んでいる。

養護教諭と共に三者面談を行い、治療法の検討や本人から聞き取りを行
うことで症状が改善し、少しずつ登校できるようになった。

夜型生活のため朝起きられず欠席がちではあったが、生活時間表の作成
をすすめ、朝型に活動を移すことで少しずつ改善した。

当初はクラスに馴染めなかったが、友人や担任から学校生活の様子を聞
くことで少しずつ気持ちが傾き、登校する日が増えた。

学校を休みがちであったが、部活動に熱心に参加するようになり、休まずに登校できるようになってきている。

体調不良のため、欠席が多かったが、自宅でのオンライン学習等で欠席した授業を補う等、主体的に学習を行う意欲が見られた。

通院等で欠席が増えたが、自宅において学習課題に取り組み、学習内容の疑問点は、積極的に教科担当に質問して解決した。

２年次には休みがちであったが、生活習慣の改善や体力向上に努め、３年次には心身の状態を整えながら登校することができた。

１年次は休みがちであったが、野球部に所属し、毎日トレーニングに励むようになって体力がつき、２年次からは欠席をしなくなった。

体調不良で欠席することが多かったが、体調不良の原因がわかり治療を始めたことで、登校できる日が徐々に増えていった。

怪我で部活動が困難になり学校も欠席がちになった。顧問の助言でトレーナーとして部活動に関わり、毎日登校できるようになった。

家庭環境の変化で全日制での生活が難しくなった。SCやSSWの助言もあり、管理職とも相談して定時制に転校することになった。

病気のため遅刻が増え、徐々に登校が負担になった。養護教諭等の助言で通院を開始し、負担軽減のため通信制に転校した。

部活動のトラブルから学校を休みがちになり、心療内科に通うようになった。自分のペースで学べる通信制へ転校することになった。

２年次に特定疾患の診断を受け、その不安から欠席が増えた。校内の教育相談部を中心に、個別の支援計画を策定して対応した。

教員とのトラブルから不安が強くなり欠席がちになった。SCとの面談を通して少しずつ不安が減少し、登校できる日が増えた。

中学から続く不登校により、１年次は欠席が多かったものの、部活動の仲間からの励ましもあり徐々に登校できるようになった。

家事や幼い兄弟の世話のため欠席がちであったが、行政などの力を借りてからは、家庭状況に左右されず登校できるようになった。

学級内の人間関係がきっかけで欠席がちになったが、進級してからは進路を見据え意識が変化し、登校し積極的に学校生活を送った。

生活習慣の乱れにより欠席がちであったが、面談でその背景を確認し、三者面談を通して信頼関係を築き、登校できるようになった。

通級または同様の配慮が必要な場合

記入のポイント

通級による指導を受けている場合は、その生徒の努力や指導を受けた成果を具体的に記述します。対象ではない生徒でも、同様の配慮を受けている場合はその状況を記述します。「発達障害」等の名称の記載については、診断を受けている場合でも学校全体の共通理解の下で慎重に対応します。

40人というクラス人数が緊張感をもたらしたが、周囲の生徒の声かけと教科担当者の配慮で集団生活がスムーズにできるようになった。

丁寧に細かい作業ができるようになり、自分で持ち物や提出物を適切に管理することができるようになった。

気が付いたことはすぐに手帳にメモをする習慣が身に付き、忘れ物が減った。

忘れ物が多いなど日常生活での課題があったが、メモを取ることや一つひとつチェックすることを日課とし、成長する姿が見られた。

グループ活動で一緒になった友人が機会あるごとに声をかけたことで、本人も集団を意識して活動できるようになった。

集団活動が苦手で歩調を合わせて活動することが難しかったが、通級の授業で自己の課題を理解し、少しずつ協調できるようになった。

毎週２時間、授業の一環で通級による指導を受け、手順を確認して活動できるようになった。一つひとつの作業はとても丁寧である。

１年次に通級による指導を受け、スケジュール管理や教材等の整理方法を学び、提出物の期限をしっかりと守るようになった。

板書を取ることに苦手意識が強かったが、通級による指導でICT機器の有効な活用方法を学び、学習活動に活かすことができた。

通級による指導で、グループ活動や話し合い場面で心掛けることなどを学び、学校生活や学習活動がスムーズにできるようになった。

選択科目「自立」を履修し、自身の課題と向き合い、対応の仕方を修得した。集中して活動することができ、黙々と作業を行う。

数学や理科等の文章問題を解く際には、具体的に図を書いて「可視化」し、計算ができるようになった。

記憶力は優れているが、文章を書くのは苦手だった。考えを書き出すことなど段階的に練習し、整理して文章が書けるようになった。

自分の世界ができていて、人づきあいが苦手だったが、気の合う友人と出会い、仲間と交流ができるようになった。

人との距離感を考えることが苦手だったが、通級による指導を受けることで、人との距離感を考えて行動できるようになった。

書字に課題があったが、字の書き方を丁寧に習い枠に収める練習を重ねていくことで、文字が見やすく書けるようになった。

視覚認知に課題があるため資料を見ながらメモを取ることが苦手だった。PCを活用することで学習がスムーズにできるようになった。

コミュニケーションを取ることが苦手であったが、トレーニングをすることで少しずつクラスメイトとの関係が良好になった。

通級に通う中で、一斉授業での教師の発問や指示を自分事に捉えることや、メモを取りながら確認することの大切さを学んだ。

板書をノートに写すことが苦手であったが、ノートの書き方などを習得してからは、授業への意欲が高まり学習習慣も身に付いた。

授業の進捗状況やプリントの管理などを通級で確認する時間を取ることにより、自信と余裕をもって学習に臨むことができた。

口頭での説明や指示を理解することが苦手なため、説明を文章で示したり、図で表すことで円滑に学校生活を送ることができる。

その他、配慮が必要な生徒

記入のポイント

欠席がちな生徒や通級等の指導を受けている生徒以外にも、身体的な要因で配慮を要する生徒やメンタル面での配慮が必要な生徒がいます。そのような生徒については、**その状況下で**努力している様子や成果を上げている点に着**目し、表現の仕方に配慮しながら、具体的な姿が見えるよう記述**します。

周囲の音に敏感に反応するなど聴力に特性が見られることから、教室の座席を隅にしたところ、授業に集中できるようになった。

車いすでの移動がスムーズにできるように、座席を教室の出入り口の近くにした。友人も声をかけ一緒に移動する姿が見られた。

聞き取りに時間を要していたが、重要な用語や連絡を板書するなど可視化することで、理解が深まり考えて行動できるようになった。

持病があり、感染症対策のため自宅でオンライン配信による授業を受けた。疑問点は質問し解決するなど、意欲的に授業に参加した。

主体的に心身の状態を把握し、体調が優れないときには、周囲に状況を説明し、必要な支援を求めることができる生徒である。

持病のため朝起きることが難しい日があったが、遅刻した日の学習内容は、教科担任と相談し、主体的に補うことができた。

化学物質過敏症で、特に制汗剤や香水などの強い匂いで呼吸困難になるため、周囲に配慮を求めた。安心して生活できるようになった。

意欲的に学習に取り組む生徒である。視覚的に見づらい角度があったので見やすい位置に座席を配慮した。学習への集中力が増した。

緊張する場面での発語に困難があったが、事前の準備をしっかり行うことで緊張感が緩和し、良いパフォーマンスを行うことができた。

持病によりまっすぐの体勢をとることに困難があったが、クッションを使い無理のない姿勢を保ち、集中力をもって授業に臨んでいた。

音に過敏であるため、日常的に耳栓を使用しているが、耳栓をすれば日常生活に困らずに生活することができる。

身体に麻痺が残っており、左手が動きづらいため座席の配慮を行なったが、できる限りのことは一生懸命取り組んでいた。

睡眠障害があるため、本人が意図せず眠ってしまうことがある。しかし、声がけをすればすぐに目覚め、意欲的に学習に取り組める。

緊張するとチックの症状が出るため、周囲と適度な距離感が保てるよう座席を配慮した。落ち着いて学習に取り組めるようになった。

持病により運動を控えるよう医師の指導があったので、体育祭ではクラス旗作りや応援など、クラスの一体感を高める役割に徹した。

左右の耳で聞こえ方の違いがあるため、聞こえやすい方の耳側に話者が来るように意識し、適切なコミュニケーションを取っている。

持病の治療のため自己注射が必要であったが、休み時間や行事等のスケジュールをしっかり把握し、管理しながら処置することができた。

持病による発作が懸念されたが、自らクラスメイトに症状や発作時の対応などを説明しており、配慮を求めることができた。

腸過敏の症状があり頻繁に離席をする状況はあったが、わからないところは友人に質問するなど積極的な学習態度が見られた。

自身の課題を認識し、本人から座席の相談があった。各教科の担当者にもその旨を伝え、指示等が聞きやすい前方の席で学習を進めた。

生まれながらに両腕に障がいがあったが、上肢の使い方や他器官の活用など本人の努力と仲間の支えで、充実した学校生活を送っている。

下肢に障がいがあり車椅子生活を余儀なくされているが、本人の強い希望で本校に入学した。意欲的な姿勢で友人も協力的である。

2022年6月の刊行から早くも4刷!
令和4年から実施の新学習指導要領に合わせて10年ぶりの改訂!

三訂版 高等学校
生徒指導要録 記入文例

令和4年度からの 新学習指導要領に対応

担任学研究会 編

学習指導要領の改訂に伴い変更になった生徒指導要録の様式に合わせ、書き方のポイントや文例を大幅にボリュームアップして掲載。高校ホームルーム担当必携の一冊。

- ●A5判・224ページ
- ●定価(本体2,200円+税)
- ●ISBN978-4-7619-2848-3

令和7年度以降の調査書および新入試に対応した決定版!

改訂版　高等学校
調査書・推薦書 記入文例&指導例

活動報告書・大学入学希望理由書・ 学修計画書から就職者用履歴書まで

担任学研究会 編

令和7年度入試より変更された調査書の書き方および文例を豊富に掲載。推薦書、就職者用履歴書も記入例をリニューアル。

- ●A5判・256ページ
- ●定価(本体2,600円+税)
- ●ISBN978-4-7619-3008-0

執筆者一覧　※五十音順、◎は編著者。所属および肩書は執筆当時で掲載

浅見和寿（埼玉県立朝霞高等学校教諭）

岩永崇史（活水高等学校・活水中学校教諭）

上野隆彦（東京都立豊多摩高等学校主幹教諭）

加藤圭太（愛知県立旭陵高等学校教諭）

小西悦子（東京女子体育大学教授）

小林雅実（東京都立保谷高等学校主任教諭）

佐藤革馬（札幌山の手高等学校教諭）

代田有紀（東京都立第一商業高等学校主任教諭）

鈴木智博（大垣日本大学高等学校教諭）

関口武史（東京都立竹早高等学校主任教諭）

田村基成（東海大学付属望星高等学校教諭）

永井秀幸（東京都立武蔵野北高等学校主任教諭）

中沢辰夫（東京未来大学非常勤講師）

松本　桂（東京都立桜修館中等教育学校副校長）

峯岸久枝（東京都立武蔵高等学校主幹教諭）

宮﨑亮太（関西大学中・高等部教諭）

三好健介（東京都立大泉高等学校主任教諭）

村上　猛（東京都立光丘高等学校主任教諭）

村木　晃（東京学芸大学非常勤講師）

八重樫麻里了（東京都立荻窪高等学校主幹教諭）

◎柳　久美子（東京都教育相談センター相談員・元東京都立芦花高等学校校長）

こうとうがっこうしょけんぶんれいしゅう
高等学校所見文例集
これ一冊であらゆる書類の所見欄に対応

2023年8月23日　初版第1刷発行
2024年10月26日　初版第2刷発行

編著者　担任学研究会
発行者　安部英行
発行所　学事出版株式会社
〒101-0051　東京都千代田区神田神保町1-2-5
電話　03-3518-9655（代表）
https://www.gakuji.co.jp

編集担当　戸田幸子　　編集協力　酒井昌子
装丁　亀井研二　　本文デザイン・組版　株式会社明昌堂
印刷・製本　電算印刷株式会社

ISBN978-4-7619-2950-3　C3037